JANOScHs fideles Liederbuch

www.beltz.de
© 2014 Beltz & Gelberg
in der Verlagsgruppe Beltz · Weinheim Basel
Alle Rechte vorbehalten
Quellen- und Rechtenachweis im Anhang
Neue Rechtschreibung
Mit freundlicher Genehmigung der
Janosch film & medien AG, Berlin
Redaktion: Frauke Reitze
Einband- und Innenillustrationen: Janosch
Einbandgestaltung: wundergestalten, München
Notensatz: Typografie & Computer, Krefeld
Notenlektorat: Angela Bauer
Satz & Layout: Sarah Ferdin, Nancy Püschel
Litho: ICC Print, Biblis-Wattenheim
Druck & Bindung: Beltz Bad Langensalza GmbH,
Bad Langensalza
Printed in Germany
ISBN 978-3-407-82036-5
1 2 3 4 5   18 17 16 15 14

JANOSCHs fideles Liederbuch

BELTZ
& Gelberg

Janosch wurde 1931 in dem oberschlesischen Dorf Zaborze geboren. Von 1944 bis 1953 arbeitete er als Schmied in einer Schlosserei und als Textilmusterzeichner in Fabriken, lernte das Malen und nahm ein Studium an der Münchner Akademie der Bildenden Künste auf, musste aber in der Probezeit abbrechen. Seither lebt er als freier Künstler, ist Maler, Reimefinder, Geschichtenerzähler, Autor von Kinder-, Bilderbüchern und Romanen sowie stolzer Vater von Tiger, Bär und Co. Für sein Buch *Oh, wie schön ist Panama* erhielt er den *Deutschen Jugendliteraturpreis*. Janosch lebt auf einer einsamen Insel zwischen Meer und Sonne, wo er am liebsten in seiner Hängematte döst.

Inhalt

Alle meine Entchen
Tierlieder

Frühling, Sommer, Herbst und Winter
Lieder rund ums Jahr

Viel Glück und viel Segen
*Lieder zum Geburtstag,
zu Weihnachten und anderen Festen*

Rundherum, das ist nicht schwer
Tanz- und Spiellieder

Schneddereng, peng peng!
Unsinns- und Ratelieder

Alleine fahren mag ich nicht
Reise- und Wanderlieder

Dat du min Leevsten büst
Liebeslieder

Schlaf, Kindlein, schlaf
Abend- und Einschlaflieder

Alle meine Entchen

Tierlieder

Alle meine Entchen

trad. aus dem Nassauischen

F   B♭

1. Al - le mei - ne Ent - chen schwim - men auf dem

F   B♭   F   C⁷

See, schwim - men auf dem See, Köpf - chen in das

F   C   F

Was-ser, Schwänz-chen in die Höh.

Summm, summ, summ

T: Heinrich Hoffmann von Fallersleben
M: trad. aus Böhmen

1.–3. Summ, summ, summ, Bien - chen, summ he - rum!

1. Ei, wir tun dir nichts zu - lei - de, flieg nur aus in Wald und Hei - de!

1.–3. Summ, summ, summ, Bien - chen, summ he - rum!

2. Summ, summ, summ, Bienchen, summ herum!
Such in Blumen, such in Blümchen
dir ein Tröpfchen, dir ein Krümchen!
Summ, summ, summ, Bienchen, summ herum!

3. Summ, summ, summ, Bienchen, summ herum!
Kehre heim mit rechter Habe,
bau uns manche volle Wabe!
Summ, summ, summ, Bienchen, summ herum!

Fuchs, du hast die Gans gestohlen

T: Ernst Anschütz
M: trad.

1. Fuchs, du hast die Gans ge-stoh-len, gib sie wie-der her, gib sie wie-der her, sonst wird dich der Jä-ger ho-len mit dem Schieß-ge - wehr___, sonst wird dich der Jä-ger ho-len mit dem Schieß-ge - wehr.

2. Seine große, lange Flinte
   |: schießt auf dich das Schrot, :|
   dass dich färbt die rote Tinte,
   und dann bist du tot.

3. Liebes Füchslein, lass dir raten,
   |: sei doch nur kein Dieb, :|
   nimm statt mit dem Gänsebraten
   mit der Maus vorlieb.

17

Die Vogelhochzeit

trad.

1. Ein Vo-gel woll-te Hoch-zeit ma-chen in dem grü-nen Wal - de. Fi-de - ra - la - la, fi-de - ra - la - la, fi - de - ra - la - la - la - la - la.

2. Die Drossel war der Bräutigam,
   die Amsel war die Braute. Fideralala, ...

3. Der Sperber, der Sperber,
   der war der Brautwerber.

4. Die Lerche, die Lerche,
   die führt die Braut zur Kerche.

5. Der Auerhahn, der Auerhahn,
   der war der Pfarrer und Kaplan.

6. Die Meise, die Meise,
   die sang ein Kyrieleise.

7. Die Gänse und die Anten,
   das warn die Musikanten.

8. Der Pfau mit seinem bunten Schwanz,
   der führt die Braut zum Hochzeitstanz.

9. Die Henne mit dem Kratzfuß,
   die winkt der Braut den Abschiedsgruß.

10. Die Brautmutter, die Eule,
    nimmt Abschied mit Geheule.

11. Der Uhuhu, der Uhuhu,
    der macht die Fensterläden zu.

12. Der Hahn, der kräht »Gute Nacht«,
    dann wird das Häuschen zugemacht.

13. Die Vogelhochzeit ist nun aus,
    nun fliegen alle froh nach Haus.

Der Kuckuck und der Esel

T: Heinrich Hoffmann von Fallersleben
M: Karl Friedrich Zelter

1. Der Ku-ckuck und der E - sel, die hat-ten ei - nen Streit, wer_ wohl am bes-ten sän - ge, wer_ wohl am bes - ten sän - ge zur schö - nen Mai - en - zeit_____, zur schö - nen Mai - en - zeit.

2. Der Kuckuck sprach: »Das kann ich!«,
   und fing gleich an zu schrein.
   »Ich kann es aber besser,
   ich kann es aber besser!«,
   fiel gleich der Esel ein,
   fiel gleich der Esel ein.

3. Das klang so schön und lieblich,
   so schön von fern und nah,
   sie sangen alle beide,
   sie sangen alle beide:
   »Kuckuck, Kuckuck! I-ah!«
   »Kuckuck, Kuckuck! I-ah!«

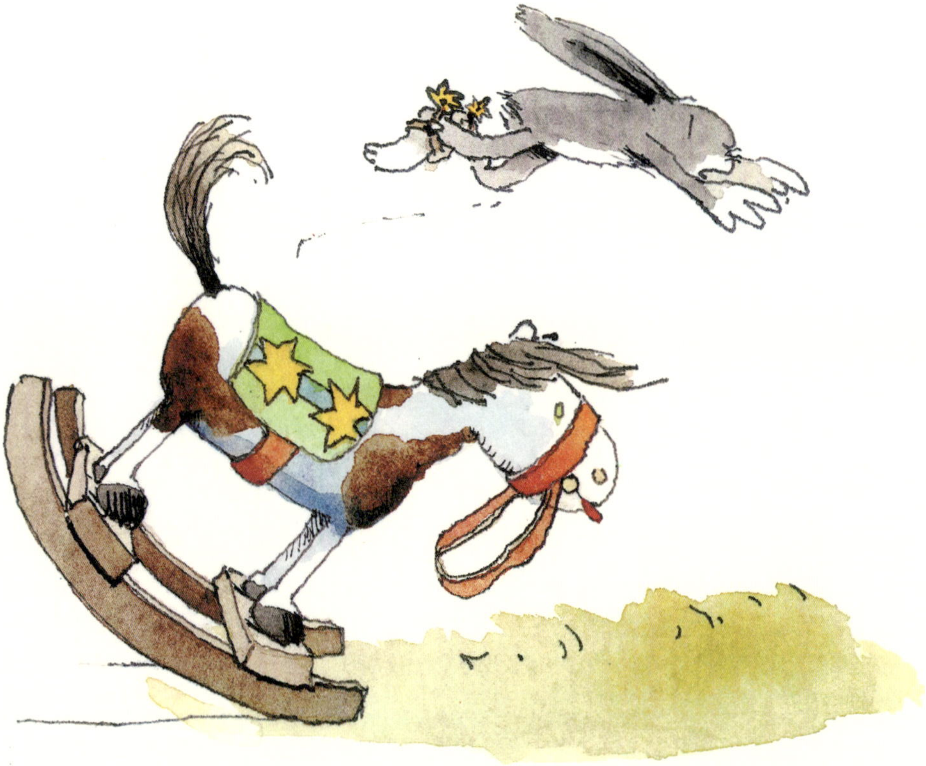

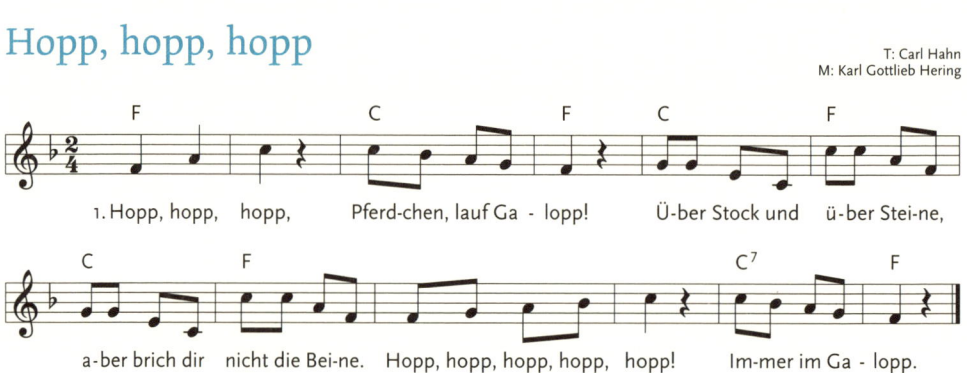

Hopp, hopp, hopp

T: Carl Hahn
M: Karl Gottlieb Hering

F C F C F
1. Hopp, hopp, hopp, Pferd-chen, lauf Ga - lopp! Ü-ber Stock und ü-ber Stei-ne,
C F C7 F
a-ber brich dir nicht die Bei-ne. Hopp, hopp, hopp, hopp, hopp! Im-mer im Ga - lopp.

Auf der Mauer, auf der Lauer

trad.

Auf der Mau - er, auf der Lau - er sitzt 'ne klei - ne Wan - zen.

Seht euch nur die Wan - zen an, wie die Wan - zen tan - zen kann!

Auf der Mau - er, auf der Lau - er sitzt 'ne klei - ne Wan - zen.

Wanzen
Wanze
Wanz
Wan
Wa
W

tanzen
tanze
tanz
tan
ta
t

*Bei jeder Strophe werden die Wörter
»Wanzen« und »tanzen« um jeweils
den letzten Buchstaben verkürzt.*

Heut ist ein Fest bei den Fröschen am See

T + M: mündlich überliefert

1. Heut ist ein Fest bei den Frö - schen am See,

2. Ball und Kon - zert und ein gro - ßes Di - ner!

3. Quak, quak, quak, quak, quak, quak, quak,

trad.

Frühling, Sommer, Herbst und Winter

Lieder rund ums Jahr

Es war eine Mutter

trad. aus Baden

Es war ei - ne Mut - ter, die hat - te vier Kin - der:
den Früh - ling, den Som - mer, den Herbst und den Win - ter.

Der Früh - ling bringt Blu - men, der Som - mer bringt Klee.

Der Herbst, der bringt Trau - ben, der Win - ter den Schnee.

Im Märzen der Bauer

trad. aus Nordmähren
Tf: Walther Hensel

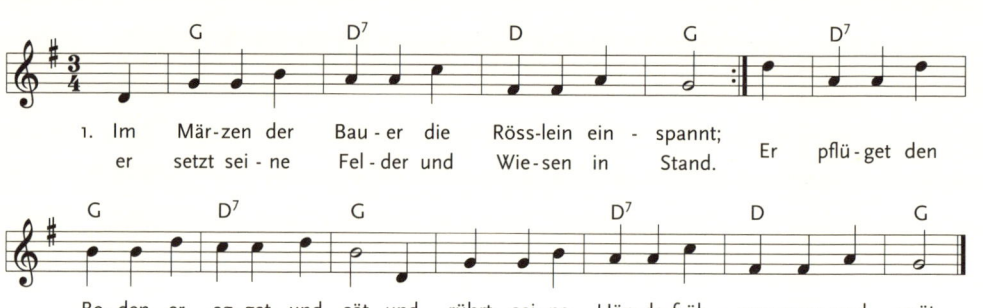

1. Im Mär - zen der Bau - er die Röss - lein ein - spannt;
er setzt sei - ne Fel - der und Wie - sen in Stand. Er pflü - get den

Bo - den, er eg - get und sät und rührt sei - ne Hän - de früh - mor - gens und spät.

2. Die Bäurin, die Mägde, sie dürfen nicht ruhn;
   sie haben im Haus und im Garten zu tun.
   Sie graben und rechen und singen ein Lied;
   sie freun sich, wenn alles schön grünet und blüht.

3. So geht unter Arbeit das Frühjahr vorbei;
   da erntet der Bauer das duftende Heu.
   Er mäht das Getreide, dann drischt er es aus;
   im Winter, da gibt es manch fröhlichen Schmaus.

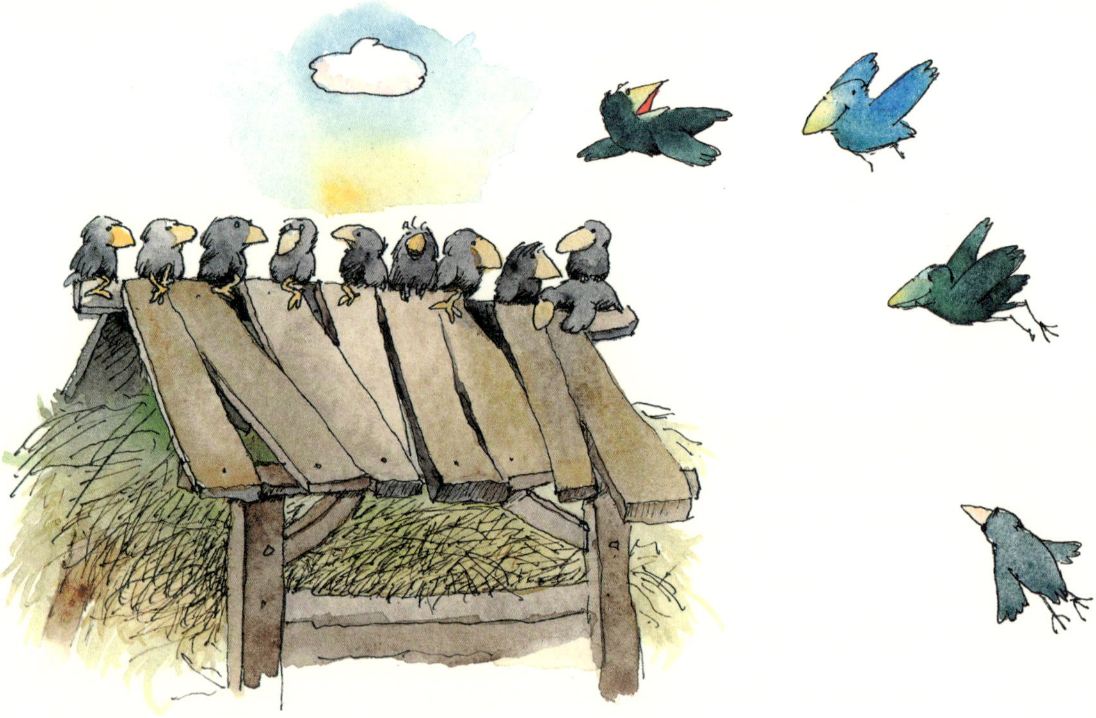

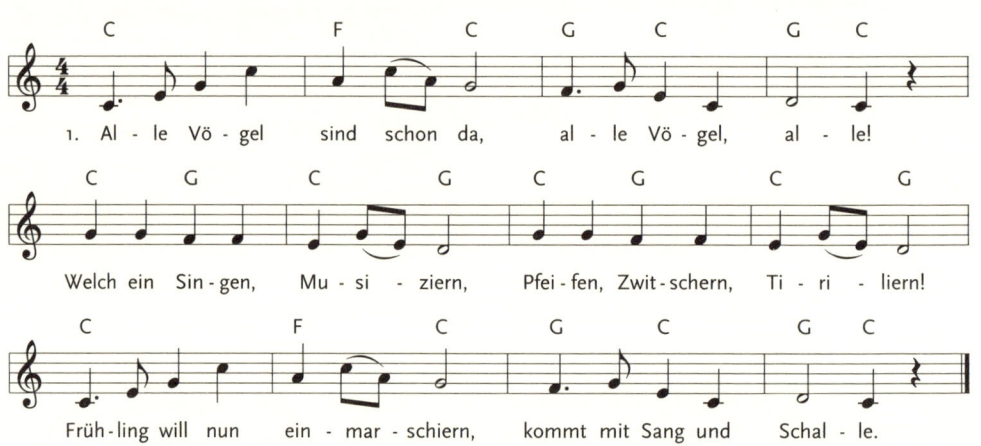

Alle Vögel sind schon da

T: Heinrich Hoffmann von Fallersleben
M: trad.

C F C G C G C
1. Al - le Vö - gel sind schon da, al - le Vö - gel, al - le!
C G C G C G C G
Welch ein Sin - gen, Mu - si - ziern, Pfei - fen, Zwit - schern, Ti - ri - liern!
C F C G C G C
Früh - ling will nun ein - mar - schiern, kommt mit Sang und Schal - le.

2. Wie sie alle lustig sind,
flink und froh sich regen!
Amsel, Drossel, Fink und Star
und die ganze Vogelschar
wünschen uns ein frohes Jahr,
lauter Heil und Segen.

3. Was sie uns verkünden nun,
nehmen wir zu Herzen:
Wir auch wollen lustig sein,
lustig wie die Vögelein,
hier und dort, feldaus, feldein,
singen, springen, scherzen.

Kuckuck, Kuckuck, ruft's aus dem Wald

T: Heinrich Hoffmann von Fallersleben
M: trad. aus Österreich
S: Manfred Schmitz

1. Ku - ckuck, Ku - ckuck, ruft's aus dem Wald.
Las - set uns sin - gen, tan - zen und sprin - gen!
Früh - ling, Früh - ling wird es nun bald.

2. Kuckuck, Kuckuck
lässt nicht sein Schrein:
Komm in die Felder,
Wiesen und Wälder;
Frühling, Frühling
stellt bald sich ein!

3. Kuckuck, Kuckuck,
trefflicher Held!
Was du gesungen,
ist dir gelungen:
Winter, Winter
räumet das Feld.

Komm, lieber Mai

T: Christian A. Overbeck
M: Wolfgang A. Mozart

1. Komm, lie - ber Mai, und ma - che die Bäu - me wie - der grün und lass mir an dem Ba - che die klei - nen Veil_ - chen blühn! Wie möcht ich doch so ger - ne ein Veil - chen wie - der sehn, ach lie - ber Mai, wie ger - ne ein - mal spa - zie - ren gehn.

2. Zwar Wintertage haben
   wohl auch der Freuden viel,
   man kann im Schnee eins traben
   und treibt manch Abendspiel,
   baut Häuserchen von Karten,
   spielt Blindekuh und Pfand;
   auch gibt's wohl Schlittenfahrten
   aufs liebe freie Land.

3. Ach, wenn's doch erst gelinder
   und grüner draußen wär.
   Komm, lieber Mai, wir Kinder,
   wir bitten dich gar sehr!
   O komm und bring vor allem
   uns viele Veilchen mit,
   bring auch viel Nachtigallen
   und schöne Kuckucks mit.

Jetzt fängt das schöne Frühjahr an

trad. aus dem Rheinland

1. Jetzt fängt das schö - ne Früh - jahr an und al - les fängt zu blü - hen an auf grü - ner Heid_____ und ü - ber - all.

2. Es blühen Blümlein auf dem Feld,
   sie blühen weiß, blau, rot und gelb;
   es gibt nichts Schönres auf der Welt.

3. Jetzt geh ich über Berg und Tal,
   da hört man schon die Nachtigall
   auf grüner Heid und überall.

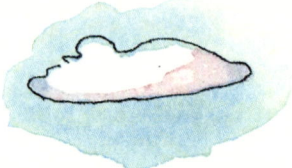
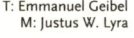

Der Mai ist gekommen

T: Emmanuel Geibel
M: Justus W. Lyra

Der Mai ist ge - kom - men, die Bäu - me schla - gen aus.
Da blei - be, wer Lust hat, mit Sor - gen zu Haus.

Wie die Wol - ken dort wan - dern am himm - li - schen Zelt,

so steht auch mir der Sinn in die wei - te, wei - te Welt.

Trarira, der Sommer, der ist da

trad. aus der Pfalz

Tra - ri - ra, der Som - mer, der ist da! 1. Wir

wol - len in den Gar - ten und wolln des Som - mers war - ten!

Tra - ri - ra, der Som - mer, der ist da!

2. Wir wollen hinter Hecken
   und wolln den Sommer wecken.

3. Der Winter ist zerronnen,
   der Sommer hat begonnen.

Lachend kommt der Sommer

T + M: Cesar Bresgen

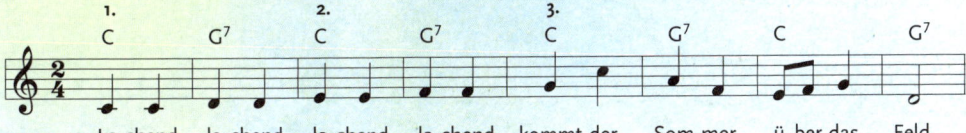
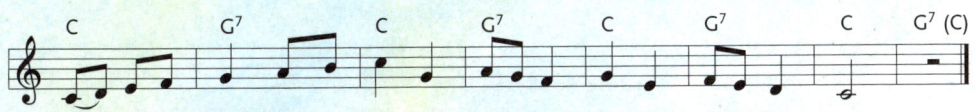

La-chend, la-chend, la-chend, la-chend kommt der Som-mer ü-ber das Feld.

Ü - ber das Feld kommt er la-chend, ha-ha-ha, la-chend ü-ber das Feld.

Es klappert die Mühle

T: Ernst Anschütz
M: trad.

1. Es klap-pert die Müh-le am rau-schen-den Bach, klipp klapp!
Bei Tag und bei Nacht ist der Mül-ler stets wach, klipp klapp!

Er mah-let das Korn zu dem kräf-ti-gen Brot, und ha-ben wir die-ses, so

hat's kei-ne Not. Klipp klapp, klipp klapp, klipp klapp.

2. Flink laufen die Räder und drehen den Stein, klipp klapp!
Und mahlen den Weizen zu Mehl uns so fein, klipp klapp!
Der Müller, der füllt uns den schweren Sack,
der Bäcker das Brot und den Kuchen uns backt.
Klipp klapp, klipp klapp, klipp klapp!

3. Wenn goldene Körner das Ackerfeld trägt: klipp klapp,
die Mühle dann flink ihre Räder bewegt: klipp klapp.
Und schenkt uns der Himmel nur immer das Brot,
so sind wir geborgen und leiden nicht Not.
Klipp klapp, klipp klapp, klipp klapp!

Spannenlanger Hansel

trad. aus den Alpenländern

1. Span-nen-lan-ger Han-sel, nu - del- di -cke Dirn,
gehn wir in den Gar-ten, schütteln wir die Birn'. Schüt-tel ich die gro-ßen,

schüt-tel ich die klein', wenn das Säck-lein voll ist, gehn wir wie-der heim.

2. Lauf doch nicht so schnelle,
   spannenlanger Hans!
   Ich verlier die Birnen
   und die Schuh noch ganz.
   Trägst ja nur die kleinen,
   nudeldicke Dirn,
   und ich schlepp den Sack
   mit den großen Birn'.

Bunt sind schon die Wälder

T: Johann Gaudenz von Salis-Seewis
M: Johann Friedrich Reichardt

1. Bunt sind schon die Wäl - der, gelb die Stop - pel - fel - der, und der Herbst be - ginnt. Ro - te Blät - ter fal - len, grau - e Ne - bel wal - len, küh - ler weht der Wind.

2. Wie die volle Traube
aus dem Rebenlaube
purpurfarbig strahlt!
Am Geländer reifen
Pfirsiche, mit Streifen
rot und weiß bemalt.

3. Flinke Träger springen,
und die Mädchen singen,
alles jubelt froh!
Bunte Bänder schweben
zwischen hohen Reben
auf dem Hut aus Stroh.

4. Geige tönt und Flöte
bei der Abendröte
und im Mondesglanz;
junge Winzerinnen
winken und beginnen
frohen Erntetanz.

Hejo, spann den Wagen an

trad.

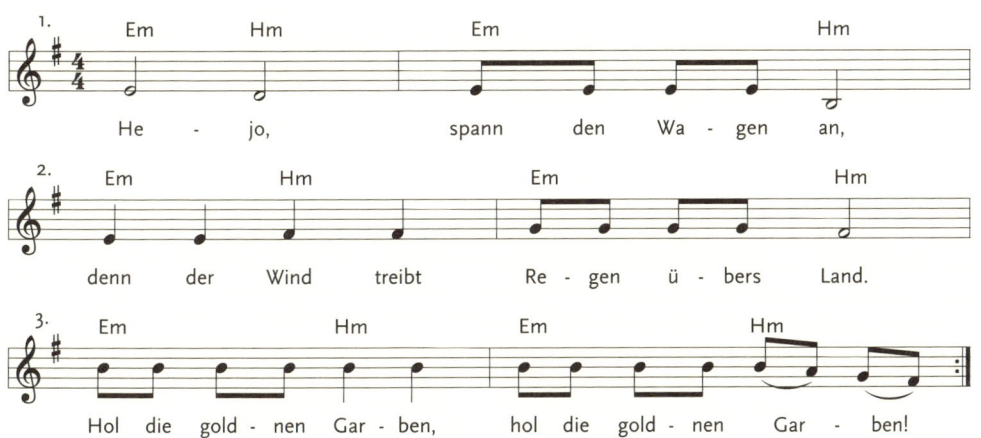

1.
Em Hm Em Hm
He - jo, spann den Wa - gen an,
2.
Em Hm Em Hm
denn der Wind treibt Re - gen ü - bers Land.
3.
Em Hm Em Hm
Hol die gold - nen Gar - ben, hol die gold - nen Gar - ben!

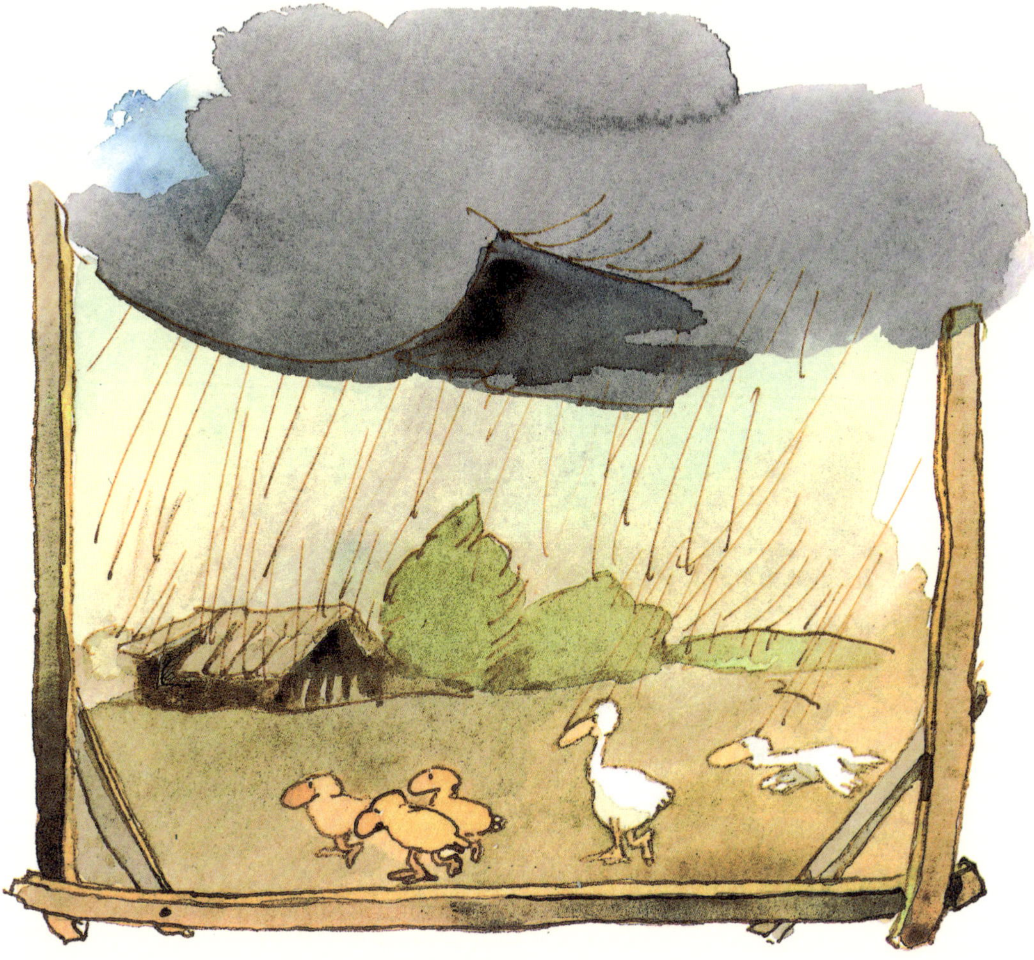

Schneeflöckchen, Weißröckchen

trad.

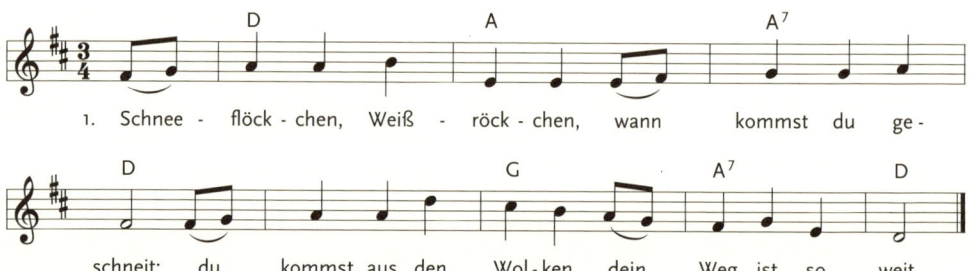

1. Schnee - flöck - chen, Weiß - röck - chen, wann kommst du ge -
schneit; du kommst aus den Wol - ken, dein Weg ist so weit.

2. Schneeflöckchen, Weißröckchen,
komm zu uns ins Tal;
dann baun wir den Schneemann
und werfen den Ball.

3. Schneeflöckchen, Weißröckchen,
deckst die Blümelein zu,
dann schlafen sie sicher
in himmlischer Ruh.

ABC, die Katze lief im Schnee

alter Kinderreim
trad. aus Sachsen

A B C, die Kat-ze lief im Schnee, und als sie dann nach Hau-se kam, da
hatt sie wei-ße Stie-fel an, o je - mi-ne, o je - mi-ne, die Kat-ze lief im Schnee.

Juchhe, der erste Schnee

trad.

1. Juch - he, juch - he, juch - he, der er - ste Schnee!

In gro - ßen, wei - ßen Flo - cken, so kam er ü - ber Nacht

und will uns al - le lo - cken hi - naus in Win - ter - pracht.

2. Juchhe, juchhe,
   erstarrt sind Bach und See!
   Herbei von allen Seiten
   aufs glitzerblanke Eis,
   dahin-, dahinzugleiten
   nach alter froher Weis!

3. Juchhe, juchhe,
   jetzt locken Eis und Schnee!
   Der Winter kam gezogen
   mit Freuden mannigfalt',
   spannt seinen weißen Bogen
   weit über Feld und Wald.

Viel Glück und viel Segen

Lieder zum Geburtstag,
zu Weihnachten und
anderen Festen

Has, Has, Osterhas

T: Paula Dehmel
M: Richard Rudolf Klein

1. Has, Has, Os - ter - has, wir möch - ten nicht mehr war - ten. Der
Kro - kus und das Tau - send - schön, Ver - giss - mein - nicht und
Tul - pe stehn schon lang in un - serm Gar - ten.

2. Has, Has, Osterhas,
   ich wünsche mir das Beste:
   ein großes Ei, ein kleines Ei,
   dazu ein lustig Dideldumdei.
   Und alles in dem Neste.

3. Has, Has, Osterhas
   mit deinen bunten Eiern!
   Der Star lugt aus dem Kasten raus,
   Blühkätzchen sitzen um sein Haus,
   wann kommst du Frühling feiern?

42

Viel Glück und viel Segen

T + M: Werner Gneist

Viel Glück und viel Se - gen auf all dei - nen We - gen, Ge -

sund - heit und Froh - sinn sei auch mit da - bei.

Hoch soll er leben

trad.

Hoch soll er le - ben, hoch soll er le - ben, drei - mal hoch!

Froh zu sein bedarf es wenig

trad.

Kanon zu 4 Stimmen

Froh zu sein be - darf es we - nig, und wer froh ist, ist ein Kö - nig!

Zum Geburtstag viel Glück

amerikanisches Geburtstagslied
dt. T: E. L. Frauenberger

Zum Ge - burts-tag viel Glück, zum Ge - burts-tag viel Glück, zum Ge -

burts - tag, lie - be An - ne*, zum Ge - burts - tag viel Glück.

englisch:

Happy birthday to you,
happy birthday to you,
happy birthday ...*,
happy birthday to you!

französisch:

Joyeux anniversaire,
joyeux anniversaire,
joyeux anniversaire ...*,
joyeux anniversaire!

* Name des Geburtstagskinds

Laterne, Laterne

trad. aus Norddeutschland
S: Manfred Schmitz

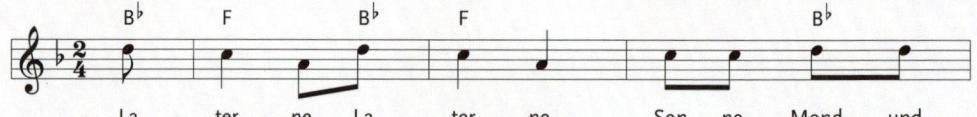

La - ter - ne, La - ter - ne, Son - ne, Mond und

Ster - ne. Bren - ne auf, mein Licht, bren - ne auf, mein Licht, a - ber

nur mei - ne lie - be La - ter - ne nicht. ter - ne nicht.

Ich geh mit meiner Laterne

trad. aus Holstein

Ich geh mit mei - ner La - ter - ne und mei - ne La - ter - ne mit mir.
Da o - ben leuch - ten die Ster - ne und un - ten, da leuch - ten wir.

1. Der Hahn, der kräht, die Katz mi-aut. Ra - bim-mel, ra-bam-mel, ra - bumm.

2. Ich trag mein Licht und fürcht mich nicht!

3. Laternenlicht, verlösch mir nicht!

4. Der Martinsmann, der zieht voran!

5. Wie schön es klingt, wenn jeder singt!

6. Mein Licht ist aus, wir gehn nach Haus.

46

Lasst uns froh und munter sein

T + M: trad. aus dem Hunsrück und dem Rheinland
S: Hilger Schallehn

1. Lasst uns froh_ und_ mun - ter sein und uns recht_ von_

Her - zen freun! 1.–5. Lus - tig, lus - tig, tra - le - ra - le - ra!

Bald ist Ni - ko - laus - a - bend da, bald ist Ni - ko - laus - a - bend da!

2. Dann stell ich den Teller auf,
   Niklaus legt gewiss was drauf.

3. Wenn ich schlaf, dann träume ich,
   jetzt bringt Niklaus was für mich.

4. Wenn ich aufgestanden bin,
   lauf ich schnell zum Teller hin!

5. Niklaus ist ein guter Mann,
   dem man nicht genug danken kann.

Leise rieselt der Schnee

T: trad.
M: Eduard Ebel
S: Hilger Schallehn

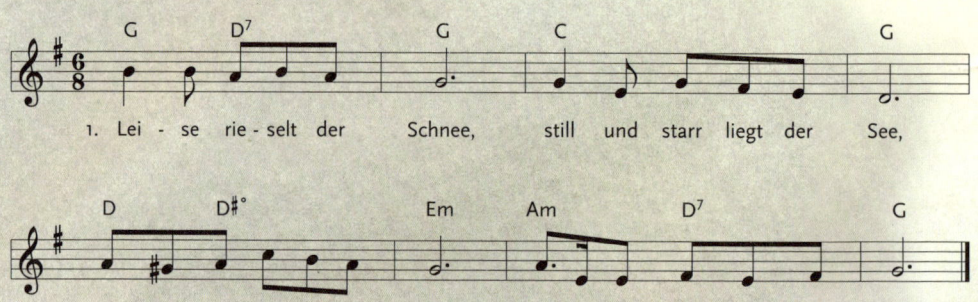

1. Lei - se rie - selt der Schnee, still und starr liegt der See, weih - nacht - lich glän - zet der Wald: Freu - e dich, Christ - kind kommt bald!

2. In den Herzen wird's warm,
   still schweigt Kummer und Harm,
   Sorge des Lebens verhallt:
   Freue dich, Christkind kommt bald!

3. Bald ist heilige Nacht,
   Chor der Engel erwacht,
   hört nur, wie lieblich es schallt:
   Freue dich, Christkind kommt bald!

Kling, Glöckchen

T: Karl Enslin
M: trad.

1.–3. Kling, Glöck - chen, klin - ge - lin - ge - ling, kling, Glöck - chen kling!

1. Lasst mich ein, ihr Kin - der, ist so kalt der Win - ter,

öff - net mir die Tü - ren, lasst mich nicht er - frie - ren!

1.–3. Kling, Glöck - chen, klin - ge - lin - ge - ling, kling, Glöck - chen kling!

2. Mädchen, hört und Bübchen,
   macht mir auf das Stübchen,
   bring euch viele Gaben,
   sollt euch dran erlaben!

3. Hell erglühn die Kerzen,
   öffnet mir die Herzen,
   will drin wohnen fröhlich,
   frommes Kind, wie selig.

Morgen, Kinder, wird's was geben

T: Karl F. Splittegarb
M: trad.

1. Mor - gen, Kin - der, wird's was ge - ben, mor - gen wer - den
welch ein Ju - bel, welch ein Se - gen wird in un - serm

wir uns freun; Ein - mal wer - den wir noch wach, heis - sa, dann ist
Hau - se sein!

Weih - nachts - tag.

2. Wie wird dann die Stube glänzen
   von der hellen Lichter Zahl,
   schöner als bei frohen Tänzen
   ein geputzter Kronensaal!
   Wisst ihr noch vom vorgen Jahr,
   wie's am Heilgen Abend war?

3. Welch ein schöner Tag ist morgen!
   Neue Freude hoffen wir.
   Unsre guten Eltern sorgen
   lange, lange schon dafür.
   O gewiss, wer sie nicht ehrt,
   ist der ganzen Lust nicht wert!

O Tannenbaum

T: 1. Str. J. August Zarnack / 2. und 3. Str. Ernst Anschütz
M: altes Studentenlied

1. O Tan-nen-baum, o Tan-nen-baum, wie treu sind dei - ne Blät - ter! Du grünst nicht nur zur Som-mer-zeit, nein, auch im Win - ter, wenn es schneit. O Tan - nen - baum, o Tan - nen - baum, wie treu sind dei - ne Blät - ter.

2. O Tannenbaum, o Tannenbaum,
   du kannst mir sehr gefallen.
   Wie oft hat doch zur Weihnachtszeit
   ein Baum von dir mich hoch erfreut.
   O Tannenbaum, o Tannenbaum,
   du kannst mir sehr gefallen.

3. O Tannenbaum, o Tannenbaum,
   dein Kleid kann mich was lehren:
   Die Hoffnung und Beständigkeit
   gibt Kraft und Trost zu jeder Zeit.
   O Tannenbaum, o Tannenbaum,
   dein Kleid kann mich was lehren.

Stille Nacht

T: Joseph Mohr
M: Franz Gruber

1. Stil - le Nacht, hei - li - ge Nacht! Al - les schläft, ein - sam wacht
nur das trau - te hoch - hei - li - ge Paar. Hol - der Kna - be im lo - cki - gen Haar,
schlaf in himm - li - scher Ruh___! Schlaf_ in himm - li - scher Ruh___!

2. Stille Nacht, heilige Nacht!
   Hirten erst kundgemacht!
   Durch der Engel Halleluja
   tönt es laut von fern und nah:
   Christ, der Retter ist da!
   Christ, der Retter ist da!

3. Stille Nacht, heilige Nacht!
   Gottes Sohn, o wie lacht
   Lieb aus deinem göttlichen Mund,
   da uns schlägt die rettende Stund,
   Christ, in deiner Geburt,
   Christ, in deiner Geburt!

Rundherum, das ist nicht schwer

Tanz- und Spiellieder

Brüderchen, komm, tanz mit mir

trad.

G   D

1. Brü - der - chen, komm, tanz mit mir, bei - de Hän - de reich ich dir.

G   Am   D   G

Ein - mal hin, ein - mal her, rund - her - um, das ist nicht schwer!

2. Mit den Händchen klipp, klipp, klapp,
   mit den Füßchen tripp, tripp, trapp!
   Einmal hin, einmal her,
   rundherum, das ist nicht schwer.

3. Mit dem Köpfchen nick, nick, nick,
   mit dem Fingerchen tick, tick, tick!
   Einmal hin, einmal her,
   rundherum, das ist nicht schwer.

Es tanzt ein Bi-Ba-Butzemann

trad.

Es tanzt ein Bi-Ba - But-ze-mann in un-serm Haus he - rum, di-del-dum, es rum.

Er rüt-telt sich, er schüt-telt sich, er wirft sein Säcklein hin-ter sich. Es

tanzt ein Bi-Ba - But-ze-mann in un-serm Haus her - um.

Ich bin ein Musikante

trad. aus Schlesien

1. *Vorsänger:* Ich bin ein Mu - si - kan - te und komm____ aus
Alle: Wir sind die Mu - si - kan - ten und kom - men aus

Schwa - ben - land. *Vorsänger:* Ich kann auch spie - len, *Alle:* wir kön - nen auch
Schwa - ben - land.

spie - len *Vorsänger:* auf der Trom - pe - te, *Alle:* auf der Trom - pe - te: *Vors.:* teng

teng, te - reng, teng teng, te - reng, teng teng, te - reng, teng *Alle:* teng, te - reng, teng

teng, te - reng, teng teng, te - reng, teng teng, te - reng, teng teng.

2.   ... auf meiner Geige: vidi gei, gei, gei ...

3.   ... auf meiner Klarinette: didl, dum, dum, dum ...

4.   ... auf meiner Pauke: bum, bum, berum ...

5.   ... auf meiner Flöte: *(wird gepfiffen ...)*

6.   ... auf meiner Trommel: tirom, dom, dom, dom ...

7.   ... auf dem Klavier: klimper da einmal, klimper dort einmal ...

Bestimmt fallen euch noch mehr Musikinstrumente ein,
die ihr nachspielen könnt!

Hoppe, hoppe, Reiter

trad.

1.–3. Hop - pe, hop - pe, Rei - ter, wenn er fällt, dann schreit er!

1. Fällt er in den Gra - ben, fres - sen ihn die Ra - ben.

1.–3. Fällt er in den Sumpf, macht der Rei - ter plumps!

2. Hoppe, hoppe, Reiter,
   wenn er fällt, dann schreit er!
   Fällt er auf die Steine,
   tun ihm weh die Beine.
   Fällt er in den Sumpf,
   macht der Reiter plumps!

3. Hoppe, hoppe, Reiter,
   wenn er fällt, dann schreit er!
   Fällt er in die Hecken,
   fressen ihn die Schnecken.
   Fällt er in den Sumpf,
   macht der Reiter plumps!

Mein Hut, der hat drei Ecken

trad.

Mein Hut, der hat drei E-cken, drei E-cken hat mein Hut, und

hat er nicht drei E-cken, dann ist es nicht mein Hut. Mein

Hut, der hat drei E-cken, drei___ E-cken hat mein Hut, und

hat er nicht drei E-cken, dann ist es auch nicht mein Hut.

Wer will fleißige Handwerker sehn

trad.

1.–9. Wer will flei-ßi-ge Hand-wer-ker sehn, der muss zu uns Kin-dern gehn.

1. Stein auf Stein, Stein auf Stein, das Häus-chen muss bald fer-tig sein.

2. O wie fein, o wie fein,
   der Glaser setzt die Scheiben ein.

3. Tauchet ein, tauchet ein,
   der Maler streicht die Wände fein.

4. Zisch, zisch, zisch, zisch, zisch, zisch,
   der Tischler hobelt glatt den Tisch.

5. Poch, poch, poch, poch, poch, poch,
   der Schuster schustert zu das Loch.

6. Stich, stich, stich, stich, stich, stich,
   der Schneider näht ein Kleid für mich.

7. Rühre ein, rühre ein,
   der Kuchen wird bald fertig sein.

8. Trapp, trapp drein, trapp, trapp drein,
   jetzt gehn wir von der Arbeit heim.

9. Hopp, hopp, hopp, hopp, hopp, hopp,
   jetzt tanzen alle im Galopp.

Zeigt her eure Füße

T: Albert Methfessel
M: trad.

1.–8. Zeigt her eu - re Fü - ße, zeigt her eu - re Schuh und

se - het den flei - ßi - gen Wasch - frau - en zu! 1. Sie
2. Sie

wa - schen, sie wa - schen, sie wa - schen den gan - zen Tag.
spü - len, sie spü - len, sie spü - len den gan - zen Tag.

3. Sie wringen ...   5. Sie legen ...   7. Sie ruhen ...

4. Sie hängen ...   6. Sie bügeln ...   8. Sie tanzen ...

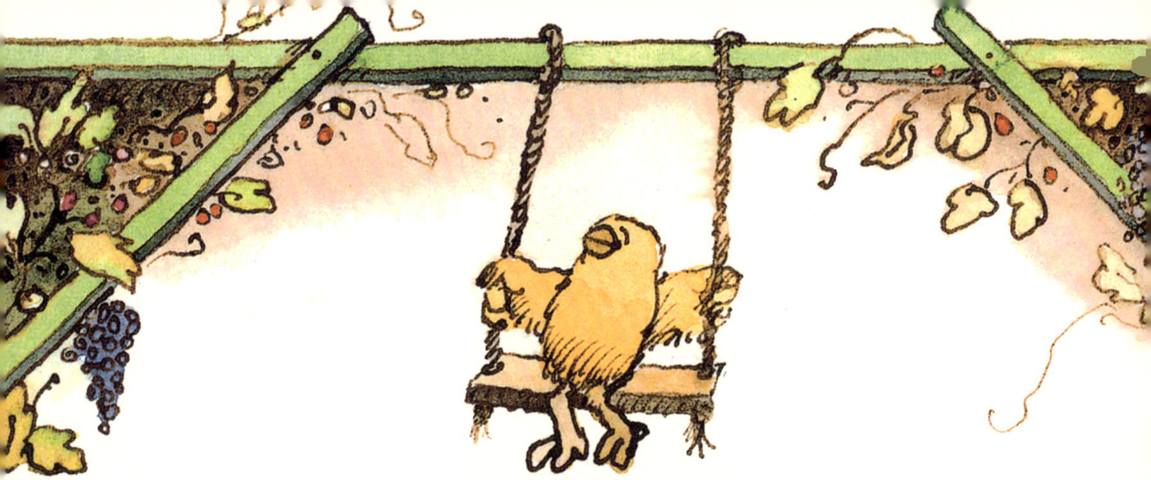

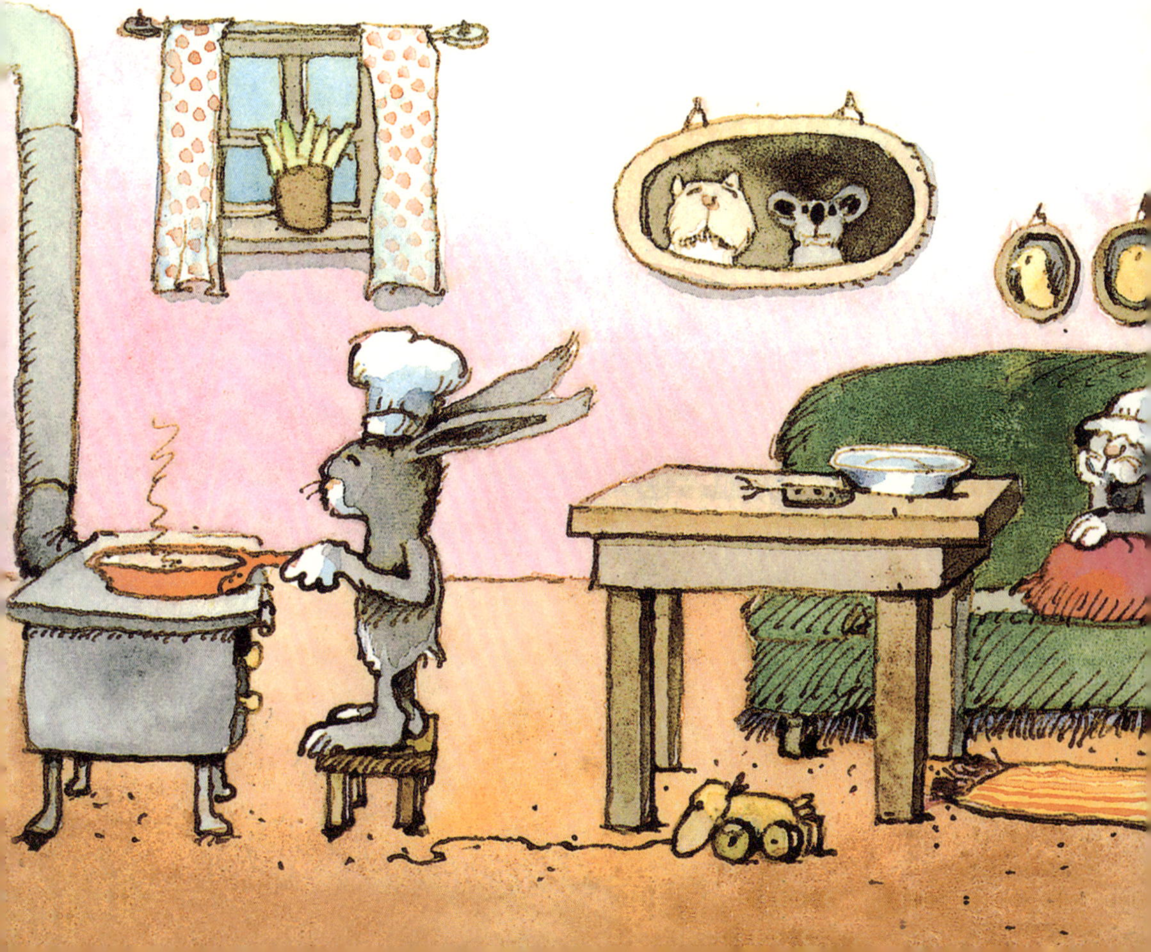

Backe, backe Kuchen

trad. aus Sachsen und Thüringen

Ba - cke, ba - cke Ku - chen, der Bä - cker hat ge - ru - fen!

Wer will gu - ten Ku - chen ba - cken, der muss ha - ben sie - ben Sa - chen:

Ei - er und Schmalz, Zu - cker und Salz, Milch und Mehl, Saf - ran macht den

Ku - chen gehl. Schieb, schieb in'n O - fen 'nein.

Taler, Taler, du musst wandern

trad.

{ Ta - ler, Ta - ler, } du musst wan - dern von der ei - nen Hand zur an - dern.
{ Ring - lein, Ring - lein, }

Das ist schön, das ist schön, nie - mand darf { den Ta - ler } sehn!
{ das Ring - lein }

Bruder Jakob

trad. aus Lothringen

Bru - der Ja - kob, Bru - der Ja - kob! Schläfst du noch? Schläfst du noch?

Hörst du nicht die Glo-cken, hörst du nicht die Glo-cken? Ding, dang, dong, ding, dang, dong!

englisch:

Are you sleeping,
Brother John?
Morning bells are ringing,
Dong, dong, dong!

französisch:

Frère Jacques,
dormez-vous?
Sonnez les matines,
ding, dong, dong!

türkisch:

Yakus usta,
haydikalk,
saatine bir bak,
bom, bom, bom!

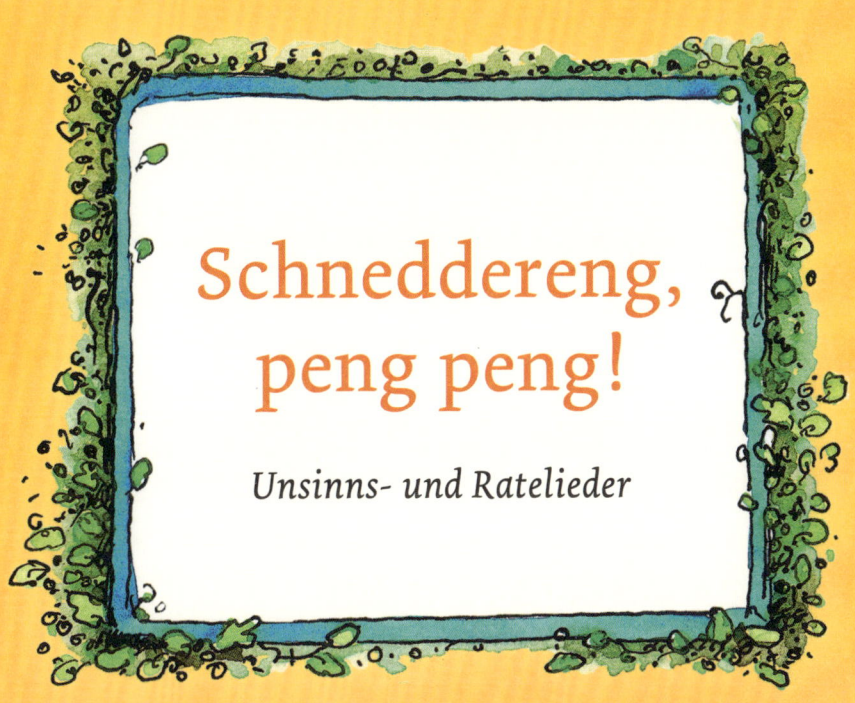

Schneddereng, peng peng!

Unsinns- und Ratelieder

Wenn der Topf aber nun ein Loch hat

trad.

1. Wenn der Topf a-ber nun ein Loch hat, lie-ber Hein-rich, mein lie-ber Hein-rich? Stopf's zu, lie-be, lie-be Lie-se, du lie-be Lie-se, stopf's zu.

2. Womit soll ich's denn aber stopfen,
lieber Heinrich, mein lieber Heinrich?
Mit Stroh, liebe, liebe Liese, ...

3. Wenn das Stroh aber nun zu lang ist,
lieber Heinrich, mein lieber Heinrich?
Hau's ab, liebe, liebe Liese, ...

4. Womit soll ich's denn aber abhaun,
lieber Heinrich, mein lieber Heinrich?
Mit'm Beil, liebe, liebe Liese, ...

5. Wenn das Beil aber nun zu stumpf ist,
lieber Heinrich, mein lieber Heinrich?
Mach's scharf, liebe, liebe Liese, ...

6. Womit soll ich's denn aber schärfen,
lieber Heinrich, mein lieber Heinrich?
Mit'm Stein, liebe, liebe Liese, ...

7. Wenn der Stein aber nun zu trocken ist,
lieber Heinrich, mein lieber Heinrich?
Mach'n nass, liebe, liebe Liese, ...

8. Womit soll ich 'n denn aber nass machen,
   lieber Heinrich, mein lieber Heinrich?
   Mit Wasser, liebe, liebe Liese, ...

9. Womit soll ich's denn aber holen,
   lieber Heinrich, mein lieber Heinrich?
   Mit'm Topf, liebe, liebe Liese, ...

Drei Chinesen mit dem Kontrabass

trad.

1. Drei Chinesen mit dem Kontrabass saßen auf der Straße und erzählten sich was. Kam ein Polizist: »Ja, was ist denn das?« Drei Chinesen mit dem Kontrabass.

2. Dra Chanasan mat dam Kantrabass
   saßan af dar Straßa and arzahltan sach was.
   Kam an Palazast: »Ja, was ast dann das?«
   Dra Chanasan mat dam Kantrabass.

3. Dre Chenesen met dem Kentrebess
   seßen ef der Streße end erzehlten sech wes.
   Kem en Pelezest: »Je, wes est denn des?«
   Dre Chenesen met dem Kentrebess.

*Das Lied lässt sich auch mit
allen anderen Vokalen singen,
zum Beispiel: »Dru Chunusun
mut dum Kuntrubuss...«*

Im Walde von Toulouse

trad. aus Frankreich
dt. T: Ulrich Kabitz

1. Im Wal-de von Tou - lou - se, da haust ein Räu-ber - pack.

Da haust ein Räu-ber - pack, schnedde - reng, peng

peng, schnedde - reng, per - li - ne, peng peng!

2. Es waren ihrer fünfzig, verborgen im Gebüsch. Verborgen im Gebüsch, ...
3. Sie sprachen zueinander: »Schau nach, ob einer kommt! Schau nach ...«
4. »Ich sehe einen kommen, der sitzt auf hohem Pferd! Der sitzt ...«
5. »Mein Herr, bleibt bitte stehen! Wo habt Ihr Euer Geld? Wo habt ...«
6. »Ich hab's in meiner Börse, ich hab's in meinem Rock! Ich hab's ...«
7. »So gebt denn Eure Börse, sonst legen wir Euch um! Sonst legen ...«
8. Im gleichen Augenblicke, da kam die Polizei. Da kam ...
9. Da hoben alle Räuber ganz schnell die Hände hoch. Ganz schnell ...
10. Im Walde von Toulouse gibt's keine Räuber mehr. Gibt's keine ...

O du lieber Augustin

trad. aus Österreich

1. O du lie-ber Au-gus-tin, Au-gus-tin, Au-gus-tin, o du lie-ber Au-gus-tin, al-les ist hin. Geld ist weg, Mädl ist weg, al-les weg, al-les weg. O du lie-ber Au-gus-tin, al-les ist hin.

2. O du lieber Augustin, Augustin, Augustin,
   o du lieber Augustin, alles ist hin.
   Rock ist weg, Stock ist weg,
   alles weg, alles weg.
   O du lieber Augustin, alles ist hin.

69

Ein Jäger längs dem Weiher ging

T: trad.
M: A. W. von Zuccalmaglio zugeschrieben

1. Ein Jä-ger längs dem Wei-her ging. Lauf, Jä-ger, lauf! Die Däm-me-rung den Wald um-fing. 1.–7. Lauf, Jä-ger, lauf, Jä-ger, lauf, lauf, lauf, mein lie-ber Jä-ger, gu-ter Jä-ger, lauf, lauf, lauf, mein lie-ber Jä-ger, lauf, mein___ lie-ber Jä-ger,___ lauf!

2. Was raschelt in dem Grase dort?
   Lauf, Jäger lauf!
   Was flüstert leise fort und fort?
   Lauf, Jäger, lauf, ...

3. Was ist das für ein Untier doch?
   Lauf, Jäger, lauf!
   Hat Ohren wie ein Turm so hoch.

4. Der Jäger furchtsam um sich schaut –
   lauf, Jäger, lauf!
   »Jetzt will ich's wagen, o mir graut!«

5. O Jäger, lass die Büchse ruhn!
   Lauf, Jäger, lauf!
   Das Tier könnt dir ein Leides tun!

6. Der Jäger lief zum Wald hinaus.
   Lauf, Jäger, lauf!
   Verkroch sich flink im Jägerhaus.

7. Das Häschen spielt im Mondenschein.
   Lauf, Jäger, lauf!
   Ihm leuchten froh die Äugelein.

Ein Männlein steht im Walde

T: Heinrich Hoffmann von Fallersleben
M: trad. vom Niederrhein

1. Ein Männ-lein steht im Wal-de ganz still und stumm,
   es hat von lau-ter Pur-pur ein Mänt-lein um.

Sagt, wer mag das Männ-lein sein,
das da steht im Wald al-lein
mit dem pur-pur-ro-ten Män-te-lein?

2. Ein Männlein steht im Walde auf einem Bein
   und hat auf seinem Haupt ein schwarz Käpplein klein.
   Sagt, wer mag das Männlein sein, das da steht im Wald allein
   mit dem kleinen schwarzen Käppelein?

Ein Kind spricht:

Das Männlein dort auf einem Bein
mit seinem schwarzen Mäntelein
und seinem schwarzen Käppelein
kann nur die Hagebutte sein!

71

Eine Seefahrt, die ist lustig

trad.

1. Ei-ne See-fahrt, die ist lu-stig, ei-ne See-fahrt, die ist schön, hei, da kann man was er-le-ben, hei, da kann man et-was sehn. Hol-la-hi, hol-la-ho, hol-la-hi-a-hi-a-hi-a-hol-a-hi-a-hi-a-ho, hol-la-hi, hol-la-ho, ho-la-hi-a-hi-a-hi-a-hol-la-ho.

2. Unser Koch, das dumme Luder,
   unser Koch, die faule Sau,
   kocht uns sieben Mal die Woche
   Mutschi-Mutschi mit Wau-Wau.
   Hollahi, ...

3. Mit dem Teller schwer beladen
   saust der Stoker über Deck.
   Doch der Speck ist voller Maden
   und er läuft ihm beinah weg.
   Hollahi, ...

4. Ja, die schönen weißen Möwen,
   die erfüllen ihren Zweck,
   und sie ssda ssda ssda
   auf das frisch gewaschne Deck.
   Hollahi, ...

Die Wissenschaft hat festgestellt

trad.

1. Die Wis-sen-schaft hat fest-ge-stellt, fest-ge-stellt, fest-ge-stellt, dass Mar-me-la-de Fett ent-hält,
Fett ent - hält. Drum es-sen wir auf je-der Rei-se, je-der Rei-se, je-der Rei-se
Mar-me - la - de ei-mer-wei-se, ei-mer-wei - se. Mar - me - la-de,
Mar - me - la-de, Mar - me - la-de, die es-sen wir al-le so gern.

2. Die Wissenschaft hat festgestellt, …
dass Knackwurst Pferdefleisch enthält.
Drum essen wir auf jeder Reise …
heiße Knackwurst eimerweise …

3. … dass Coca-Cola Schnaps enthält.
Drum trinken wir auf jeder Reise …
Coca-Cola fässerweise …

4. … dass Zigarette Heu enthält.
Drum rauchen wir auf jeder Reise …
Zigaretten wagenweise …

5. … dass Stanniol Schokolad enthält.
Drum essen wir auf jeder Reise …
Schokolade tonnenweise …

6. … dass Margarine Koks enthält.
Drum essen wir auf jeder Reise …
Margarine säckeweise …

Auf unsrer Wiese gehet was

T: Heinrich Hoffmann von Fallersleben / Richard Löwenstein
M: trad.

1. Auf uns-rer Wie-se ge-het was, wa-tet durch die Sümp-fe.
Es hat ein schwarz-weiß Röck-lein an und trägt ro-te Strüm-fe.

Fängt die Frö-sche, schnapp, schnapp, schnapp. Klap-pert lus-tig,

klap-per-di-klapp. Wer kann das er-ra-ten?

2. Ihr denkt: Das ist der Klapperstorch,
   watet durch die Sümpfe.
   Er hat ein schwarzweiß Röcklein an
   und trägt rote Strümpfe.
   Fängt die Frösche, schnapp, schnapp, schnapp.
   Klappert lustig, klapperdiklapp.
   Nein, das ist die Störchin.

Der Herr, der schickt den Jockel aus

T: trad.
M: Gunhild Keetman / Carl Orff

1. Der Herr, der schickt den Jo-ckel aus, er soll den Ha-fer schnei-den.

Der Jo-ckel schneidt den Ha-fer nicht

und kommt und kommt und kommt auch nicht nach Haus.

2. Da schickt der Herr den Pudel aus,
   er soll den Jockel beißen.
   Der Pudel beißt den Jockel nicht,
   der Jokel schneidet den Hafer nicht
   und kommt ...
3. Da schickt der Herr den Prügel aus,
   er soll den Pudel prügeln.
4. Da schickt der Herr das Feuer aus,
   es soll den Prügel brennen ...
5. Da schickt der Herr das Wasser aus,
   es soll das Feuer löschen ...
6. Da schickt der Herr den Ochsen aus,
   er soll das Wasser saufen ...
7. Da schickt der Herr den Metzger aus,
   er soll den Ochsen schlachten ...
8. Da schickt der Herr den Teufel aus,
   er soll den Metzger holen ...
9. Da geht der Herr wohl selbst hinaus
   und will den Jockel holen.

10. Da holt der Teufel den Metzger gleich,
    der Metzger schlachtet den Ochsen gleich,
    der Ochse säuft das Wasser gleich,
    das Wasser löscht das Feuer gleich,
    das Feuer brennt den Prügel gleich,
    der Prügel prügelt den Pudel gleich,
    der Pudel beißt den Jockel gleich,
    der Jockel schneidt den Hafer gleich
    und kommt und kommt und kommt
    dann auch nach Haus.

Ein Hase saß im tiefen Tal

trad.

1. Ein Ha-se saß im tie-fen Tal. Sing-ing po-ly wo-ly doo-dle all the day. Übt Se-gel-flug wie Li-lien-thal. Sing-ing po-ly wo-ly doo-dle all the day. Fare thee well, fare thee well. Fare thee well my fai-ry Fay. For I'm off to Lou-si-an na. For to see my Su-sy-An-na. Sing-ing po-ly wo-ly doo-dle all the day.

2. Der Apparat steigt in die Luft
   der Motor rattert, knattert, pufft.

3. Bei tausend Metern angelangt
   der Kasten plötzlich schaurig schwankt.

4. Der Hase denkt, das geht famos,
   nimmt seinen Fallschirm und springt los.

5. Kurz vor der Landung, welche Not,
   sieht er ein Schild: »Hier Parkverbot!«

6. Der Hase denkt: »Das macht ja nischt,
   wenn mich kein Polizist erwischt.«

7. Doch leider war, o Häslein ach,
   das Auge des Gesetzes wach.

8. Denn kaum gedacht, war's schon passiert,
   ein Schutzmann ihn zur Wache führt.

9. Den armen Hasen sperrt man ein
   bei trocken Brot und Gänsewein.

Ein Schneider fing 'ne Maus

trad.

1. Ein Schnei-der fing 'ne Maus, ein Schnei-der fing 'ne Maus, ein Schnei-der fing 'ne Mi-Ma-Maus, Mi-Ma-Mau-se-Maus, ein Schnei-der fing 'ne Maus.

2. Was macht er mit der Maus?	8. Was macht er mit dem Geld?
3. Er zog ihr ab das Fell.	9. Er kauft sich einen Bock.
4. Was macht er mit dem Fell?	10. Was macht er mit dem Bock?
5. Er näht sich eine Tasch.	11. Er reitet im Galopp.
6. Was macht er mit der Tasch?	12. Was macht er im Galopp?
7. Er steckt darein sein Geld.	13. Er fiel dabei in'n Dreck.

Ein Mops kam in die Küche

trad.

1. Ein Mops kam in die Kü-che und stahl dem Koch ein Ei, da nahm der Koch den Löf-fel und schlug den Mops zu Brei.

2. Da kamen viele Möpse
   und gruben ihm ein Grab
   und setzten ihm ein' Grabstein,
   auf dem geschrieben stand:

3. Ein Mops kam in die Küche ...
   usw.

Wiederholt die Strophen so lange,
wie ihr es aushaltet!

Alleine fahren mag ich nicht

Reise- und Wanderlieder

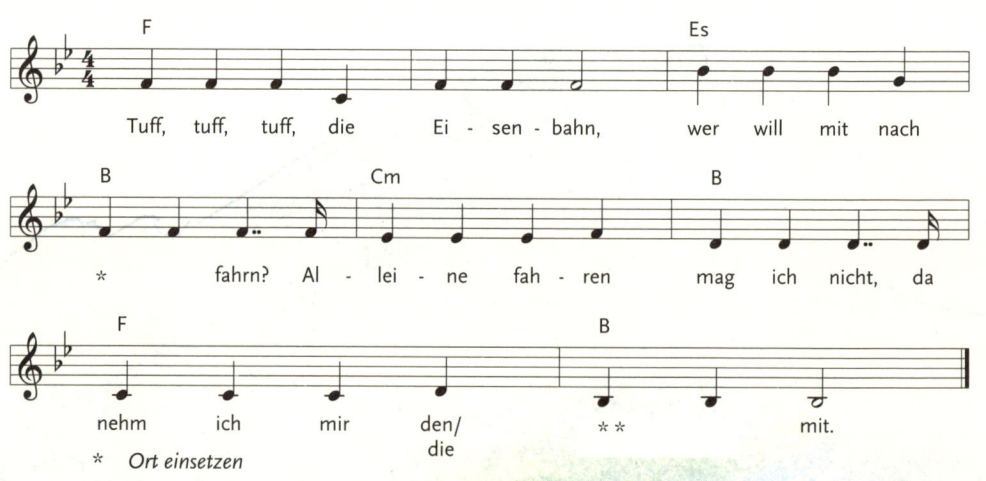

Tuff, tuff, tuff, die Eisenbahn

trad.

F
Es
Tuff, tuff, tuff, die Ei - sen - bahn, wer will mit nach
B
Cm
B
* fahrn? Al - lei - ne fah - ren mag ich nicht, da
F
B
nehm ich mir den/die ** mit.

* *Ort einsetzen*

** *Name einsetzen*

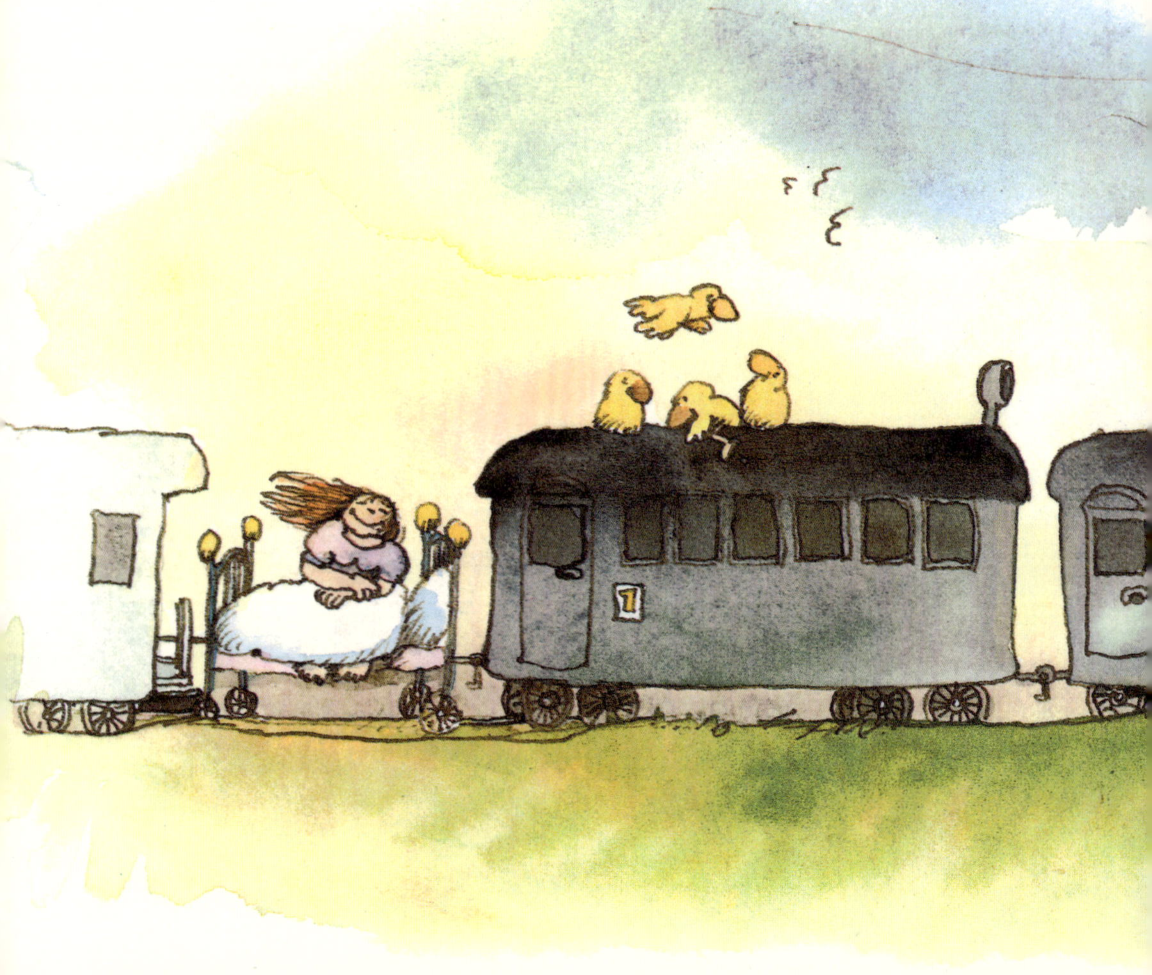

Alle sitzen im Kreis. Ein Kind steht in der Mitte
und darf aussuchen, wohin es fahren will.
Während des Singens läuft es im Kreis umher und
lädt ein Kind nach dem anderen zum Mitfahren
ein – wer seinen Namen hört, fasst das jeweils
letzte Kind von hinten an die Schultern, bis
schließlich alle Kinder mitfahren.

Auf de schwäbsche Eisebahne

trad. aus Schwaben

Vers

1. Auf de schwäb - sche Ei - se - bah - ne gibt's gar vie - le Halt - sta - tio - ne,

Schtue - gart, Ulm und Bi - be - rach, Me - cke - beu - re, Dur - les - bach!

Refrain

Ru - la, ru - la, ru - la - la, ru - la, ru - la, ru - la - la,

Schtue - gart, Ulm und Bi - be - rach, Me - cke - beu - re, Dur - les - bach.

2. Auf de schwäbsche Eisebahne
wollt a mal a Bäurle fahre,
geht an Schalter, lüpft de Hut:
»Oi Billettle, seid so gut!«

3. Eine Geiß hat er sich kaufet
und dass die ihm nit entlaufet,
bindet sie de guete Ma
hinte an de Wage a.

4. »Böckli, tu nuer woidle springe,
's Futter werd i dir scho bringe.«
Setzt si zu seim Weible na
Und brennt's Tabakpfeifle a.

5. Auf de nächste Statione,
wo er will sei Böckle hole,
findt er nur no Kopf und Soil
an dem hinte Wagetoil.

6. Do kriegt er en große Zorne,
nimmt den Kopf mitsamt dem Horne,
schmeißt en, was er schmeiße ka,
dem Konduktör an Schädel na:

7. »So, du kannst de Schade zahle,
warum bist d'so schnell gefahre!
Du alloi bist schuld dara,
dass i d'Goiß verlaure ha!«

8. So, jetzt wär das Lied gesunge,
's hätt euch wohl in d'Ohre klunge.
Wer's no nit begreife ka,
fangs no mal von vorne a!

Hoch auf dem gelben Wagen

T: Rudolf Baumbach
M: Heinz Höhne

1. Hoch auf dem gel-ben Wa - gen sitz ich beim Schwa-ger vorn.
Vor - wärts die Ros - se tra ben,
lus - tig schmet-tert das Horn. Fel - der und Wie-sen und Au - en,
wo - gen-des Äh - ren - gold. Ich möch-te ja so gern noch
blei - ben, a - ber der Wa - gen, der rollt. Ich rollt.

2. Postillion in der Schenke
   füttert die Rosse im Flug.
   Schäumendes Gerstengetränke
   reicht mir der Wirt im Krug.
   Hinter den Fensterscheiben
   lacht ein Gesicht so hold.
   Ich möchte ja so gerne noch bleiben,
   aber der Wagen, der rollt.

3. Flöten höre ich und Geigen,
   lustiges Bassgebrumm.
   Junges Volk im Reigen
   tanzt um die Linde herum,
   wirbelt wie Blätter im Winde,
   jauchzet und lacht und tollt.
   Ich bliebe ja so gerne bei der Linde,
   aber der Wagen, der rollt.

4. Sitzt einmal ein Gerippe
   dort bei dem Schwager vorn,
   schwenkt statt der Peitsche die Hippe,
   Stundenglas statt des Horns,
   sag ich: Ade nun, ihr Lieben,
   die ihr nicht mitfahren wollt.
   Ich wäre ja gern noch geblieben,
   aber der Wagen, der rollt.

Ri, ra, rutsch

trad.

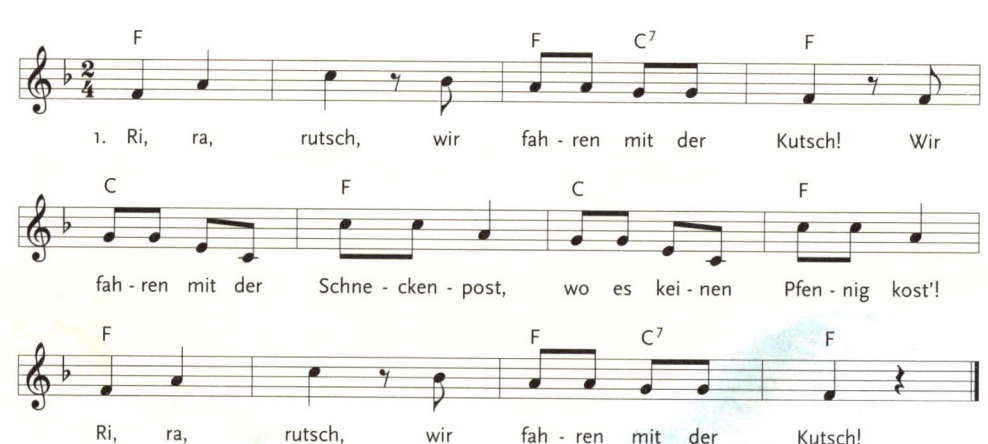

F F C7 F
1. Ri, ra, rutsch, wir fah - ren mit der Kutsch! Wir
C F C F
fah - ren mit der Schne - cken - post, wo es kei - nen Pfen - nig kost'!
F F C7 F
Ri, ra, rutsch, wir fah - ren mit der Kutsch!

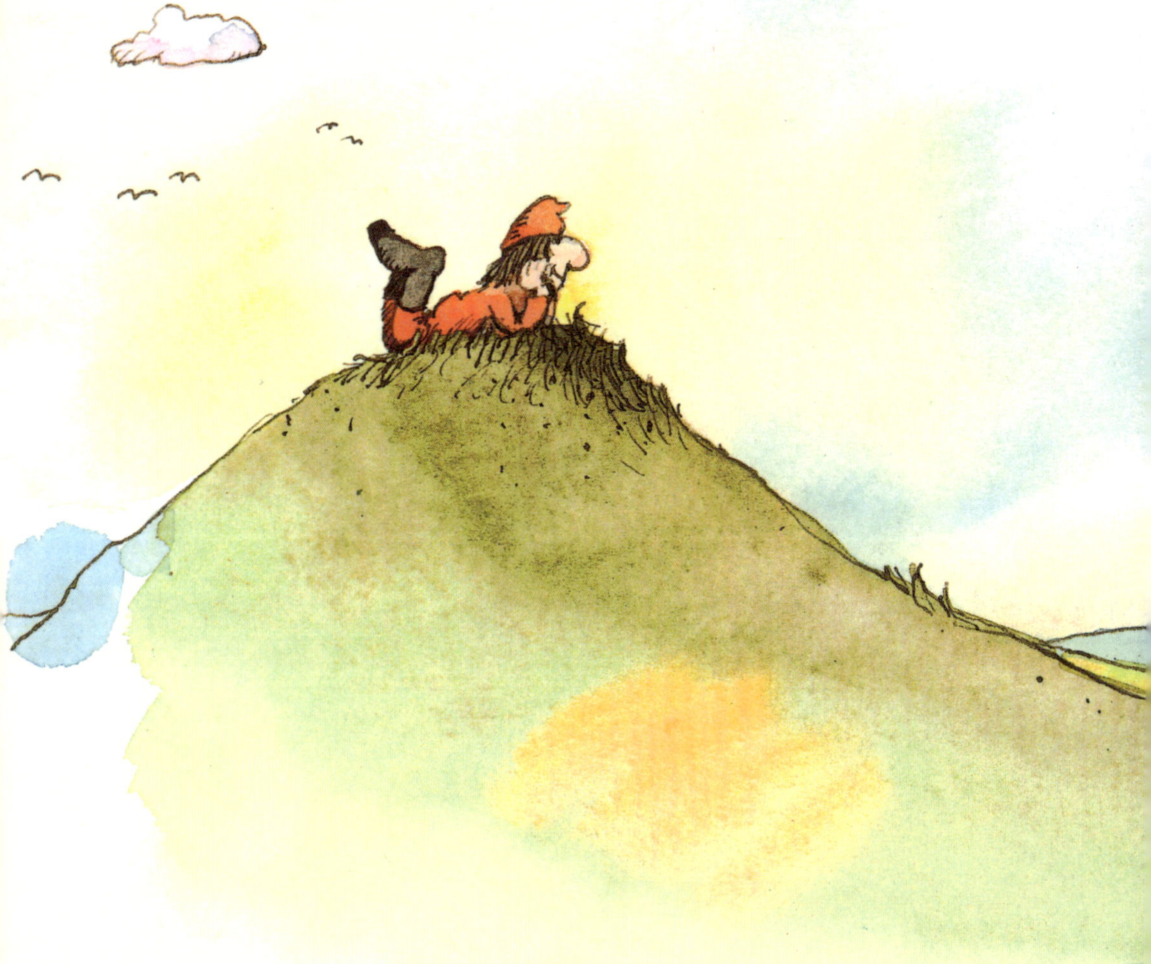

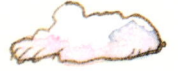

2. Ri, ra, ritten,
   wir fahren mit dem Schlitten.
   Wir fahren übern tiefen See,
   da bricht der Schlitten ein, o weh.
   Ri, ra, ritten,
   wir fahren mit dem Schlitten.

3. Ri, ra, romnibus,
   wir fahren mit dem Omnibus.
   Der Kutscher schläft, da macht es: bum!
   Da fällt der alte Kasten um.
   Ri, ra, romnibus,
   da liegt der dumme Omnibus.

4. Ri, ra, russ!
   Jetzt gehn wir fein zu Fuß.
   Da bricht uns auch kein Schimmelbein,
   da bricht uns auch kein Schlitten ein.
   Ri, ra, russ!
   Fällt um kein Omnibus.

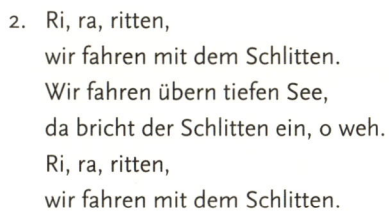

Hänschen klein

T: nach H. A. Kampe
M: trad. aus dem 19. Jh.

1. Häns-chen klein ging al-lein in die wei-te Welt hi-nein. Stock und Hut stehn ihm gut,

ist gar wohl-ge-mut. A-ber Mut-ter wei-net sehr, hat nun gar kein Häns-chen mehr.

»Wünsch dir Glück!« sagt ihr Blick, »kehr nur bald zu - rück!«

2. Sieben Jahr, trüb und klar,
   Hänschen in der Fremde war;
   da besinnt sich das Kind,
   eilet heim geschwind.
   Doch nun ist's kein Hänschen mehr,
   nein, ein großer Hans ist er,
   schwarz gebrannt Stirn und Hand.
   Wird er wohl erkannt?

3. Eins, zwei, drei gehn vorbei,
   wissen nicht, wer das wohl sei.
   Schwester spricht: »Welch Gesicht«,
   kennt den Bruder nicht.
   Kommt daher die Mutter sein,
   schaut ihm kaum ins Aug hinein,
   spricht sie schon: »Hans, mein Sohn,
   grüß dich Gott, mein Sohn!«

Bitte, gib mir doch ein Zuckerstückchen

T: Lieselotte Holzmeister
M: Heinz Lemmermann nach einer
portugiesischen Melodie

Vers

1. Bit-te, gib mir doch ein Zu-cker-stück-chen für mein klei-nes Po-ny!

»Dan-ke«, wie-hert dann mein Po-ny-pferd-chen mit dem Na-men Jon-ny.

Refrain

Weit ü-bers Land wird mein Pferd-chen heu-te tra-ben.

Und dann soll's zum Loh-ne ein Zu-cker-stück-chen ha-ben. ha-ben.

2. Sattel mir mein Pony früh am Morgen,
   wenn es taut vom Himmel,
   wenn im Hof sich alle Pferde tummeln,
   Rappe, Fuchs und Schimmel.

3. Meinem Jonny noch ein Zuckerstückchen
   und dann geht's ins Weite.
   Und das Ponypferdchen wiehert,
   wenn ich singe, wenn ich reite.

87

Im schönsten Wiesengrunde

T: Wilhelm Ganzhorn
M: Friedrich Silcher nach älteren Vorlagen

1. Im schön-sten Wie-sen - grun - de ist mei-ner Hei-mat Haus, da zog ich man-che Stun-de ins Tal hin - aus. Dich, mein stil-les Tal, grüß ich tau-send-mal! Da zog ich man-che Stun - de ins Tal hin - aus.

2. Muss aus dem Tal jetzt scheiden,
wo alles Lust und Klang.
Das ist mein herbstes Leiden,
mein letzter Gang.
Dich, mein stilles Tal,
grüß ich tausendmal!
Das ist mein herbstes Leiden,
mein letzter Gang.

3. Sterb ich, in Tales Grunde
will ich begraben sein,
singt mir zur letzten Stunde
beim Abendschein:
Dir, mein stilles Tal,
Gruß zum letzten Mal!
Singt mir zur letzten Stunde
beim Abendschein!

Am Brunnen vor dem Tore

T: Wilhelm Müller
M: aus »Die Winterreise« von Franz Schubert

1. Am Brun-nen vor dem To - re, da steht ein Lin - den-baum; ich träumt in sei-nem Schat-ten so man-chen sü - ßen Traum. Ich schnitt in sei-ne Rin - de so man-ches lie-be Wort; es zog in Freud und Lei - de zu ihm___ mich im-mer fort, zu ihm___ mich im - mer fort.

2. Ich muss auch heute wandern
   vorbei in tiefer Nacht;
   da hab ich noch im Dunkeln
   die Augen zugemacht.
   Und seine Zweige rauschten,
   als riefen sie mir zu:
   »Komm her zu mir, Geselle,
   hier findst du deine Ruh!«

3. Die kalten Winde bliesen
   mir grad ins Angesicht;
   der Hut flog mir vom Kopfe,
   ich wendete mich nicht.
   Nun bin ich manche Stunde
   entfernt von jenem Ort,
   und immer hör ich's rauschen:
   »Du fändest Ruhe dort!«

89

Das Wandern ist des Müllers Lust

T: Wilhelm Müller
M: Carl Friedrich Zöllner

Das Wan-dern ist des Mül-lers Lust, das Wan-dern ist des Mül-lers Lust, das Wan - dern! Das muss ein schlech - ter Mül - ler sein, dem nie-mals fiel das das Wan-dern ein, dem nie-mals fiel das Wan-dern ein, das Wan-dern, Wan-dern, das Wan - dern, das Wan - - -dern, das Wan - dern, das Wan - dern, das Wan - - dern.

2. Vom Wasser haben wir's gelernt,
   vom Wasser haben wir's gelernt, vom Wasser:
   Das hat nicht Rast bei Tag und Nacht,
   ist stets auf Wanderschaft bedacht, das Wasser.

3. Das sehn wir auch den Rädern ab,
   das sehn wir auch den Rädern ab, den Rädern:
   Die gar nicht gerne stille stehn,
   die sich bei Tag nicht müde drehn, die Räder.

4. Die Steine selbst, so schwer sie sind,
   die Steine selbst, so schwer sie sind, die Steine:
   Sie tanzen mit den muntern Reihn,
   und wollen gar noch schneller sein, die Steine.

5. O Wandern, Wandern, meine Lust,
   o Wandern, Wandern, meine Lust, o Wandern!
   Herr Meister und Frau Meisterin,
   lasst mich in Frieden weiterziehn und wandern!

Jetzt fahrn wir übern See

trad. aus Nordböhmen

1. Jetzt fahrn wir ü-bern See, ü-bern See, jetzt fahrn wir ü-bern ...

See mit ei-ner höl-zern' Wur-zel, Wur-zel, Wur-zel, Wur-zel, mit

ei-ner höl-zern' Wur-zel, kein Ru-der war nicht ... dran.

2. Und als wir drüber warn, ...
   da sangen alle Vöglein,
   der helle Tag brach an!

3. Der Jäger blies ins Horn, ...
   da bliesen alle Jäger,
   ein jeder in sein Horn.

4. Das Liedlein, das ist aus, ...
   und wer das Lied nicht singen kann,
   der fang von vorne an!

*Wer beim ersten Mal das Zeilenschlusswort
singt, muss ein Pfand abgeben!*

Trara, die Post ist da

trad.

1. Tra - ra, die Post ist da, tra - ra, die Post ist da. Es bläst sein Lied der Pos - til - lion, man hört den Ton von wei - tem schon. Tra - ra, die Post ist da, tra - ra, die Post ist da. Tra - ra, tra - ra, tra - ra, tra - ra, tra - ra, die Post ist da.

2. Trara, die Post ist da.
   Die Pferde kommen, trippeltrab,
   in schnellem Lauf den Berg herab.
   Trara, die Post ist da.

3. Trara, die Post ist da.
   Der Postillion ist schon zur Stell
   und jeder hat sein Brieflein schnell.
   Trara, die Post ist da.

Ein Jäger aus Kurpfalz

trad. aus dem 18. Jh.

1. Ein Jä-ger aus Kur-pfalz, der rei-tet durch den grü-nen Wald, er schießt das Wild da-her, gleich wie es ihm ge-fällt. Ha-li, hal-lo, gar lus-tig ist die Jä-ge-rei all-hier auf grü-ner Heid, all-hier auf grü-ner Heid.

2. Auf, sattelt mir mein Pferd
   und legt darauf mein' Mantelsack,
   so reit ich hin und her
   als Jäger aus Kurpfalz.

3. Jetzt reit ich nicht mehr heim,
   bis dass der Kuckuck »kuckuck« schreit;
   er schreit die ganze Nacht
   allhier auf grüner Heid.

Dat du min Leevsten büst

Liebeslieder

Kommt ein Vogel geflogen

trad. aus dem Hunsrück

1. Kommt ein Vo-gel ge - flo-gen, setzt sich nie-der auf mein'
Fuß, hat ein Zet-tel im Schna-bel, von der Mut-ter ein Gruß.

2. Lieber Vogel, fliege weiter,
   nimm ein' Gruß mit und ein Kuss;
   denn ich kann dich nicht begleiten,
   weil ich hierbleiben muss.

Dat du min Leevsten büst

trad. aus Norddeutschland

1. Dat du min Leevs - ten büst, dat du wohl weeßt.
Kumm bi de Nacht, kumm bi de Nacht, segg, wo du heeßt.
Kumm bi de Nacht, kumm bi de Nacht, segg, wo du heeßt.

2. Kumm du um Mitternacht,
   kumm du Klock een.
   Vader slöppt, Moder slöppt,
   ick slap alleen.

3. Klopp an de Kammerdör,
   fat an de Klink.
   Vader meent, Moder meent,
   dat deit de Wind.

Wenn ich ein Vöglein wär

trad.

1. Wenn ich ein Vög-lein wär und auch zwei Flüg-lein hätt, flög ich zu dir.

Weil's a-ber nicht kann sein, weil's a-ber nicht kann sein, bleib ich all hier.

2. Bin ich gleich weit von dir,
   bin doch im Schlaf bei dir
   und red mit dir.
   Wenn ich erwachen tu,
   wenn ich erwachen tu,
   bin ich allein.

3. Vergeht keine Stund in der Nacht,
   dass nicht mein Herz erwacht
   und an dich denkt,
   dass du vieltausendmal,
   dass du vieltausendmal
   dein Herz geschenkt.

Laurenzia

trad.

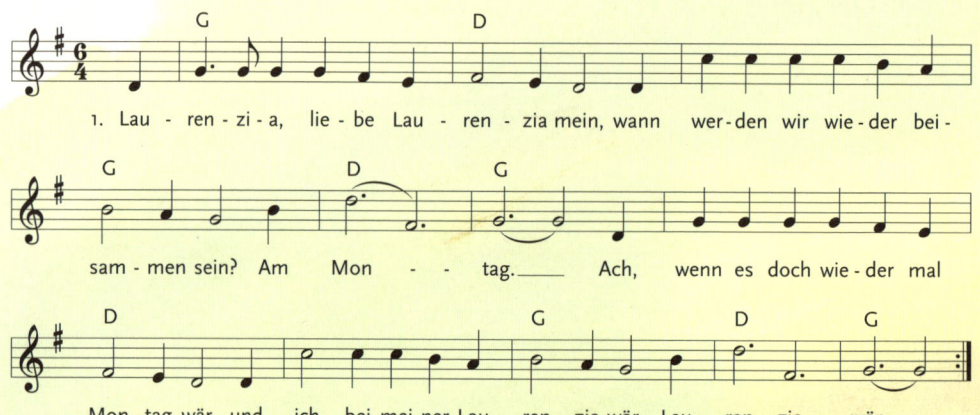

1. Lau - ren - zi - a, lie - be Lau - ren - zia mein, wann wer-den wir wie-der bei-sam - men sein? Am Mon - tag.___ Ach, wenn es doch wie-der mal Mon-tag wär und ich bei mei-ner Lau - ren - zia wär, Lau - ren - zia wär.___

2. Laurenzia, liebe Laurenzia mein,
wann werden wir wieder beisammen sein?
Am Dienstag.
Ach, wenn es doch wieder mal Montag, Dienstag wär
und ich bei meiner Laurenzia wär, Laurenzia wär.

Die nächsten Strophen gehen bis zum Sonntag.

My Bonnie is over the ocean

trad. aus Schottland

1. My Bon-nie is o-ver the o-cean,____ my Bon-nie is
o-ver the sea,____ my Bon-nie is o-ver the o-cean,____ oh
bring back my Bon-nie to me.____ Bring back, bring back, oh bring back my
Bon-nie to me, to me. me.____

2. Last night as I lay on my pillow,
   last night as I lay on my bed,
   last night as I lay on my pillow,
   I dreamed that my Bonnie was dead.
   Bring back ...

3. Oh, blow, ye winds, over the ocean
   and blow, ye winds, over the sea;
   oh, blow, ye winds, over the ocean
   and bring back my Bonnie to me.
   Bring back ...

4. The winds have blown over the ocean,
   the winds have blown over the sea;
   the winds have blown over the ocean
   and brought back my Bonnie to me.
   Brought back ...

Dornröschen

T + M: nach Margarete Läffler

1. Dorn - rös-chen war ein schö-nes Kind, schö-nes Kind, schö-nes Kind, Dorn -

rös-chen war ein schö-nes Kind, schö-nes Kind.

2. Dornröschen, nimm dich ja in Acht,
   ja in Acht, ja in Acht,
   Dornröschen, nimm dich ja in Acht,
   ja in Acht.

3. Da kam die böse Fee herein, ...
   und rief ihr zu:

4. »Dornröschen, schlafe hundert Jahr, ...
   und alle mit.«

5. Und eine Hecke riesengroß, ...
   umgab das Schloss.

6. Da kam ein junger Königssohn, ...
   und sprach zu ihr:

7. »Dornröschen, holdes Mägdelein, ...
   nun wache auf!«

8. Dornröschen wachte wieder auf, ...
   Dornröschen macht der Königssohn
   zur Königin.

9. Sie feierten ein großes Fest, ...
   das Hochzeitsfest.

10. Und alle freuten herzlich sich, ...
    es freute sich auch herzlich mit
    das ganze Land.

Zu diesem Lied fassen sich alle Kinder an den Händen und tanzen um das Dornröschen in der Mitte. Alle Strophen werden pantomimisch begleitet, z.B. mit dem Finger drohen, an den Händen fassen und eine hohe Hecke bilden usw.

Heideröslein

T: Johann Wolfgang von Goethe
M: Heinrich Werner

1. Sah ein Knab ein Rös-lein stehn, Rös-lein auf der Hei - den, war so jung und mor-gen-schön, lief er schnell, es nah zu sehn, sah's mit vie - len Freu-den. Rös-lein, Rös-lein, Rös - lein rot, Rös-lein auf der Hei - den.

2. Knabe sprach: »Ich breche dich,
Röslein auf der Heiden!«
Röslein sprach: »Ich steche dich,
dass du ewig denkst an mich,
und ich will's nicht leiden.«
Röslein ...

3. Und der wilde Knabe brach
's Röslein auf der Heiden;
Röslein wehrte sich und stach,
half ihm doch kein Weh und Ach,
musst es eben leiden.
Röslein ...

Bettelmanns Hochzeit

T: aus »Des Knaben Wunderhorn«
M: trad. aus Schwaben

Refrain

Wi - de - le, we - de - le, hin - term Städ - te - le hält der Bet - tel - mann

1. Hoch - zeit. **2.** Hoch - zeit. *Vers* 1. Pfeift das Mäu - se - le, tanzt das

Läu - se - le, schlägt das I - ge - le Trom - mel. Al - le

Tie - re, die We - de - le ha - ben, sind zur Hoch - zeit kom - men.

2. Widele, wedele, hinterm Städele
   hält der Bettelmann Hochzeit.
   Schreit das Esele,
   flitzt das Wiesele,
   streicht das Öchsele Brummbass.
   Alle Tiere, die Wedele haben,
   sind zur Hochzeit kommen.

3. Widele, wedele, hinterm Städele
   hält der Bettelmann Hochzeit.
   Winde mer Kränzele,
   tun mer a Tänzele,
   lass mer das Geigele singe.
   Alle Tiere, die Wedele haben,
   sind zur Hochzeit kommen.

Grün, grün, grün sind alle meine Kleider

trad. aus Norddeutschland

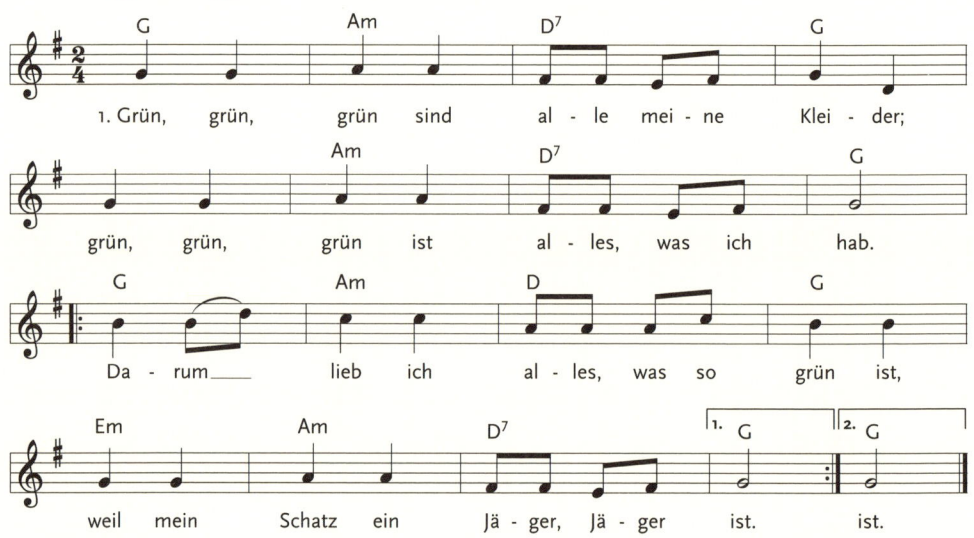

1. Grün, grün, grün sind alle meine Kleider;
grün, grün, grün ist alles, was ich hab.
Darum lieb ich alles, was so grün ist,
weil mein Schatz ein Jäger, Jäger ist. ist.

2. Blau, blau, blau, sind alle meine Kleider;
   blau, blau, blau ist alles, was ich hab.
   Darum lieb ich alles, was so blau ist,
   weil mein Schatz ein Seemann, Seemann ist.

3. Schwarz, schwarz, schwarz sind alle meine Kleider ...
   Darum lieb ich alles, was so schwarz ist,
   weil mein Schatz ein Schornsteinfeger ist.

4. Weiß, weiß, weiß sind alle meine Kleider ...
   Darum lieb ich alles, was so weiß ist,
   weil mein Schatz ein Bäcker, Bäcker ist.

5. Bunt, bunt, bunt sind alle meine Kleider ...
   Darum lieb ich alles, was so bunt ist,
   weil mein Schatz ein Maler, Maler ist.

Schlaf, Kindchen, Schlaf

Schlaflieder

Abends, will ich schlafen gehn

T: Adelheid Wette
M: Engelbert Humperdinck,
aus der Oper »Hänsel und Gretel«

A-bends, will ich schla-fen gehn, vier-zehn En-gel um mich stehn:

zwei zu mei-nen Häup-ten, zwei zu mei-nen Fü-ßen,

zwei zu mei-ner Rech-ten, zwei zu mei-ner Lin-ken,

zwei-e, die mich de-cken, zwei-e, die mich we-cken, zwei-e, die mich

wei-sen zu Him-mels Pa-ra-dei-sen!

Schlaf, Kindlein, schlaf

T: Joachim Heinrich Campe
M: Johann Friedrich Reichardt
S: Manfred Schmitz

Schlaf, Kind-lein, schlaf! Der Va-ter hüt' die Schaf; die Mut-ter schüt-telt's Bäu-me-lein, da fällt he-rab ein Träu-me-lein. Schlaf, Kind-lein, schlaf!

2. Schlaf, Kindlein, schlaf!
   Am Himmel ziehn die Schaf;
   die Sternlein sind die Lämmerlein,
   der Mond, der ist das Schäferlein.
   Schlaf, Kindlein, schlaf!

3. Schlaf, Kindlein, schlaf,
   so schenk ich dir ein Schaf,
   mit einer goldnen Schelle fein,
   das soll dein Spielgeselle sein.
   Schlaf, Kindlein, schlaf!

Abendstille

T: Fritz Jöde
M: Otto Laub

Kanon zu 3 Stimmen

A - bend - stil - le ü - ber - all, nur am Bach __ die
Nach - ti - gall singt ih - re Wei - se kla - gend und lei - se durch das Tal.

O wie wohl

Kanon zu 3 Stimmen

trad.

O wie wohl ist mir am A - bend, wenn zur
Ruh die Glo - cken läu - ten: bim, bam, bam, bam.

Weißt du, wie viel Sternlein stehen

T: Wilhelm Hey nach trad.
M: trad.

Weißt du, wie viel Stern-lein ste - hen an dem blau - en Him-mels - zelt?
Weißt du, wie viel Wol - ken ge - hen weit - hin ü - ber al - le Welt?

Gott, der Herr, hat sie ge - zäh - let, dass ihm auch nicht ei - nes feh - let

an der gan - zen gro - ßen Zahl,___ an der gan - zen gro - ßen Zahl.

2. Weißt du, wie viel Mücklein spielen
   in der heißen Sonnenglut,
   wie viel Fischlein auch sich kühlen
   in der hellen Wasserflut?
   Gott, der Herr, rief sie mit Namen,
   dass sie all ins Leben kamen,
   dass sie nun so fröhlich sind.

3. Weißt du, wie viel Kinder frühe
   stehn aus ihrem Bettlein auf,
   dass sie ohne Sorg und Mühe
   fröhlich sind im Tageslauf?
   Gott im Himmel hat an allen
   seine Lust, sein Wohlgefallen;
   kennt auch dich und hat dich lieb.

Die Blümlein, sie schlafen

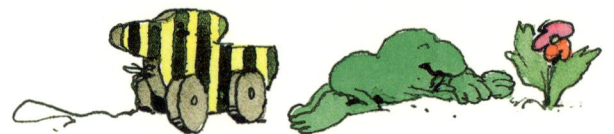

T: Florentin von Zuccalmaglio
M: Johannes Brahms

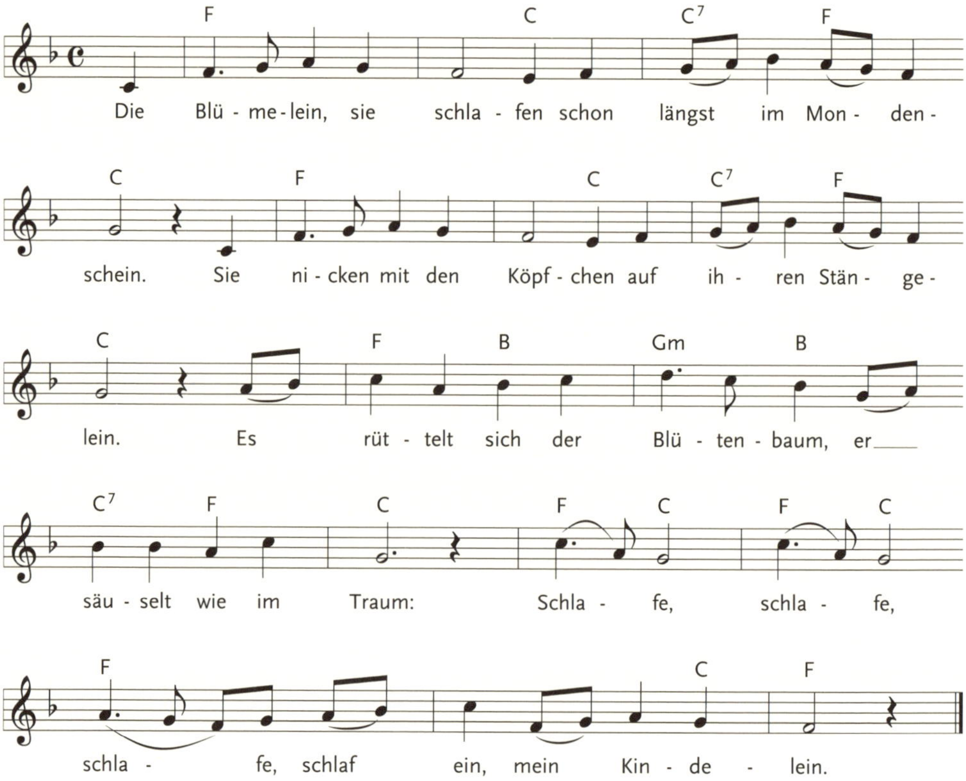

F C C7 F
Die Blü - me - lein, sie schla - fen schon längst im Mon - den -
C F C C7 F
schein. Sie ni - cken mit den Köpf - chen auf ih - ren Stän - ge -
C F B Gm B
lein. Es rüt - telt sich der Blü - ten - baum, er
C7 F C F C F C
säu - selt wie im Traum: Schla - fe, schla - fe,
F C F
schla - fe, schlaf ein, mein Kin - de - lein.

1. Die Vögelein, sie sangen
so süß im Sonnenschein,
sie sind zur Ruh gegangen
in ihre Nestchen klein.
Das Heimchen in dem Ährengrund,
es tut allein sich kund.
Schlafe, schlafe ...

2. Sandmännchen kommt geschlichen
und guckt durchs Fensterlein,
ob irgend noch ein Liebchen
nicht mag zu Bette sein.
Und wo er nur ein Kindchen fand,
streut er ihm in die Augen Sand.
Schlafe, schlafe ...

Guten Abend, gut' Nacht

T: 1. Strophe aus »Des Knaben Wunderhorn«.
2. Strophe: Georg Scherer
M: Johannes Brahms

1. Gu - ten A - bend, gut' Nacht, mit___ Ro - sen be -

dacht,___ mit___ Näg - lein be - steckt, schlüpf un - ter die

Deck! Mor - gen früh, wenn Gott will, wirst du wie - der ge -

weckt, mor - gen früh, wenn Gott will, wirst du wie - der ge - weckt!

2. Guten Abend, gut' Nacht,
   von Englein bewacht,
   sie zeigen im Traum
   dir Christkindleins Baum.
   Schlaf nun selig und süß,
   schau im Traum 's Paradies.
   Schlaf nun selig und süß,
   schau im Traum 's Paradies.

Der Mond ist aufgegangen

T: Matthias Claudius
M: Johann Abraham P. Schultz

1. Der Mond ist auf - ge - gan - gen, die gold - nen Stern - lein
   der Wald steht schwarz und schwei - get und aus den Wie - sen

   pran - gen am Him - mel hell und klar;
   stei - get der wei - ße Ne - bel wun - der - bar.

2. Wie ist die Welt so stille
   und in der Dämmrung Hülle
   so traulich und so hold!
   Als eine stille Kammer,
   wo ihr des Tages Jammer
   verschlafen und vergessen sollt.

3. Seht ihr den Mond dort stehen?
   Er ist nur halb zu sehen
   und ist doch rund und schön.
   So sind wohl manche Sachen,
   die wir getrost belachen,
   weil unsre Augen sie nicht sehn.

4. Wir stolzen Menschenkinder
   sind eitel arme Sünder
   und wissen gar nicht viel.
   Wir spinnen Luftgespinste
   und suchen viele Künste
   und kommen weiter von dem Ziel.

5. So legt euch denn, ihr Brüder,
   in Gottes Namen nieder,
   kalt ist der Abendhauch.
   Verschon uns, Gott, mit Strafen
   und lass uns ruhig schlafen
   und unseren kranken Nachbarn auch.

Kein schöner Land

T + M: A. W. von Zuccalmaglio

1. Kein schö - ner Land in die - ser Zeit als hier das uns - re weit und breit, wo wir uns fin - den wohl un - ter Lin - den zur A - bend - zeit, wo wir uns fin - den wohl un - ter Lin - den zur A - bend - zeit.

2. Da haben wir so manche Stund
gesessen da in froher Rund
|: und taten singen,
die Lieder klingen
im Talesgrund. :|

3. Dass wir uns hier in diesem Tal
noch treffen so viel hundertmal,
|: Gott mag es schenken,
Gott mag es lenken,
er hat die Gnad. :|

4. Jetzt, Brüder, eine gute Nacht!
Der Herr im hohen Himmel wacht!
|: In seiner Güte
uns zu behüten,
ist er bedacht. :|

Bona Nox

T + M: Wolfgang Amadeus Mozart

Kanon zu 4 Stimmen

Bo - na nox, bist a rech-ter Ochs; bo-na not-te, lie-be

Lot - te, bonne nuit, pfui, pfui, good night, good night, heut muss ma no

weit; gu - te Nacht, gu - te Nacht, 's wird höchs-te Zeit, gu - te Nacht!

Schlaf fei g'sund und bleib recht ku - gel - rund!

Original-Textversion nach Mozart:

Bona nox, bist a rechter Ochs;
bona notte, liebe Lotte, bonne nuit, pfui, pfui,
good night, good night, heut müss ma no weit;
gute Nacht, gute Nacht, scheiß ins Bett, dass's kracht, gute Nacht!
Schlaf fei g'sund und reck den Arsch zum Mund!

116

Gitarrengriff-Register

Die wichtigsten Akkorde zum Mitspielen:

C   D   E   F   G   A   H

Fis   B

C⁷   D⁷   E⁷   G⁷   A⁷
          *   F⁷ (+1)   *   B⁷ (+1)
               Fis⁷ (+2)   H⁷ (+2)

Dm   Em   Fm   Am
          *   Fism (+1)   *   Bm (+1)
               Gm (+2)   Hm (+2)
                                 Cm (+3)

Dm⁷   Em⁷   Am⁷
          *   Fm⁷ (+1)   *   Bm⁷ (+1)
               Fism⁷ (+1)   Hm⁷ (+2)
               Gm⁷ (+2)   Cm⁷ (+3)

* Weitere Akkorde ergeben sich durch Verschieben der Griffe um einen, zwei oder drei
   Bünde mit einem »Großen Barré« (Zeigefinger über alle Saiten) oder mit einem
   Kapodaster.

Alphabetisches Verzeichnis der Liedtitel und -anfänge

Quellen- und Rechtenachweis

Abendstille
T: Fritz Jöde
© by Möseler Verlag, Wolfenbüttel

Bitte, gib mir doch ein Zuckerstückchen
T + M: © Fidula-Verlag, Boppard/Rhein
www.fidula.eu

Der Herr, der schickt den Jockel aus
M: Gunhild Keetman, Carl Orff
© 1981 SCHOTT MUSIC GmbH & Co. KG,
Mainz

Hoch auf dem gelben Wagen
M: Heinz Höhne, T: Rudolf Baumbach
© 1923 by Richard Birnbach Musikverlag

Im Märzen der Bauer
T: © by Bärenreiter-Verlag, Kassel

Im Walde von Toulouse
dt. T: Ulrich Kabitz
Aus »Der Eisbrecher«
© Fidula-Verlag, Boppard/Rhein
www.fidula.eu

Lachend kommt der Sommer
T + M: Cesar Bresgen
© Voggenreiter OHG, 53173 Bonn

Has, Has, Osterhas
T: Paula Dehmel, M: Richard Rudolf Klein
Aus »Das Liedernest«, Bd. 1
© Fidula-Verlag, Boppard/Rhein
www.fidula.eu

Viel Glück und viel Segen
T+M: Werner Gneist
© by Bärenreiter-Verlag, Kassel

Die berühmte Panama-Serie
von JANOSCH

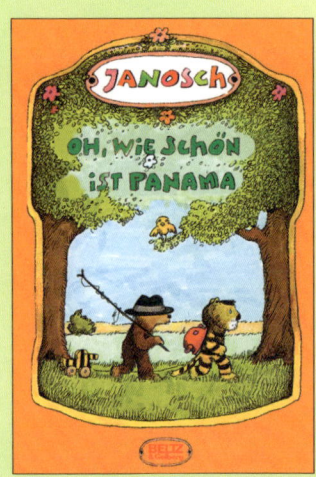

ISBN 978-3-407-80533-1
Auch als MINIMAX erhältlich:
ISBN 978-3-407-80533-1

ISBN 978-3-407-79335-5
Auch als MINIMAX erhältlich:
ISBN 978-3-407-76038-8

ISBN 978-3-407-79907-4
Auch als MINIMAX erhältlich:
ISBN 978-3-407-76084-5

ISBN 978-3-407-80555-3
Auch als MINIMAX erhältlich:
ISBN 978-3-407-76022-7

ISBN 978-3-407-79355-3
Auch als MINIMAX erhältlich:
ISBN 978-3-407-76105-7

ISBN 978-3-407-80572-0
Auch als MINIMAX erhältlich:
ISBN 978-3-407-76014-2

»Wer das hier gelesen hat, braucht sich vor nichts mehr zu fürchten!«

ISBN 978-3-407-79979-1

Fabeln von Katz und Maus, von Wolf und Fliege, Hühnchen und Hähnchen. Ein Schmökerbuch mit Janoschs schönsten Tiergeschichten und vielen, vielen Bildern zum Vor- und Selberlesen, zum Blättern und Bestaunen für alle kleinen und großen Janosch-Freunde.

Weitere Bilderbücher und

Als MINIMAX erhältlich:
ISBN 978-3-407-76095-1

ISBN 978-3-407-79890-9

ISBN 978-3-407-79544-1

ISBN 978-3-407-79316-4

ISBN 978-3-407-79882-4

Geschichtenbände von

ISBN 978-3-407-74037-3

ISBN 978-3-407-74061-8

ISBN 978-3-407-78250-2

ISBN 978-3-407-74230-8